El Ca

Seis días para alcanzar tu máximo potencial

Rabino Lazer Brody

Una Publicación de:

Brody Health and Wellness

COPYRIGHT © 2021
Por: Lazer Brody

Para todos los asuntos relacionados con este libro, contactar con:

brody1035@gmail.com

jesedmx@gmail.com

salomichan@hotmail.com

El Camino a tu Cima

Agradecimientos del Autor

Rabino Lazer Brody

Autor de Bitajón, 13 Principios de Emuná, El Arduo Camino del Viejo Isaac hacia la Tranquilidad, 3 Palabras de Emuná, El Camino a Tu Cima y otros títulos.
Autor y propietario de lazerbeams.com
Ashdod, Israel.

Con infinito agradecimiento a Hashem, *"El Camino a Tu Cima"* ha sido traducido al español. Este increíble esfuerzo, que permite a los lectores de habla hispana alcanzar su máximo potencial como jamás lo hubieran imaginado, a la vez de poder identificar su verdadera misión en la vida, es fruto de la labor e iniciativa de mi querido amigo David Rophie, quien sin duda alguna se merece todo el crédito. Es mi deseo que él y su familia reciban siempre todas las bendiciones y abundancia, tanto material como espiritual.

También quiero agradecer a Margarita Cohen por su sincera dedicación y entusiasmo para logar una excelente traducción de este libro.

Al Rab Salomón Michán, quien merece toda mi gratitud por la edición final del proyecto, un especial reconocimiento por haberlo logrado de manera exitosa.

Que por el mérito de difundir la *emuná*, su ángel guardián siempre los proteja en este mundo y en el mundo venidero.

Finalmente, manifiesto todo mi aprecio a cada uno de los voluntarios que conforman el grupo "Jésed México", por su magnífica labor de difundir la emuná a nuestros hermanos y hermanas hispanoparlantes, donde sea que se encuentren.

Para todos ellos, mi bendición y humilde aprecio.

Lazer Brody, 11 de Menajem Av, 5781 (20.7.21)

Dedicatoria

Este libro está dedicado:

Leiluy Nishmat

**Jonathan Shlomo ben
Yehudit** *z´l*

26 – Tebet – 5747

21 - Siván - 5773

Índice

Introducción

La vida es como escalar una montaña. Estamos en la parte de abajo y soñamos con estar en lo alto. Imaginamos lo hermoso que sería ver el paisaje desde la cúspide, como si toda la Creación estuviera al alcance de nuestra mano. Arriba, el aire es más fresco y tonificante; nuestro corazón se eleva como un águila.

Todos anhelamos estar en la cima, pero hay un pequeño detalle: ¿Cómo llegamos allí?

La respuesta es sorprendentemente fácil e inmediata. Te darás cuenta de ello conforme vayas leyendo las páginas de este libro.

Todos tenemos el potencial para llegar a la cima. Sin embargo, muchos no lo consiguen por dos motivos principales: primero, no aprovechan adecuadamente su potencial, y segundo, no tienen un plan que les ayude a lograrlo.

Para realizar cualquier cosa satisfactoriamente, desde convertirte en un atleta victorioso, un empresario exitoso, un alumno distinguido, un ama de casa eficiente, o cualquier otro objetivo que te propongas alcanzar, es necesario trazar un plan. Con esto en mente, "El Camino a tu Cima" te proporcionará un plan de seis días para obtener el éxito que siempre soñaste.

Este libro, aunque pequeño, cambiará tu vida para siempre. Por ello se titula "El camino a tu cima", y tiene como subtítulo "Seis días para alcanzar tu máximo potencial".

Como ya lo señalamos, todos deseamos llegar a la cima de nuestro sueño personal. Para algunos, significa ver realizada una meta que nunca pudieron lograr, como perder veinticinco kilos o deshacerse de un mal hábito. Para otros, tal vez sólo sea una motivación que les provoca alegría.

De cualquier forma, una vez que aprendamos a pensar positivamente, podremos visualizarnos en la cumbre de la montaña; lo único que necesitamos es conocer algunos "pequeños" detalles para saber cómo llegar ahí. Si desde un principio no te enfocas en cumplir tu objetivo, nunca podrás lograrlo.

Si aún no tienes un plan definido para llegar a la meta que te has marcado, con este libro podrás avanzar de manera fácil e inmediata, sin necesidad de promesas y falsas ilusiones. La información que aquí encuentres quizá tenga siglos de antigüedad, pero se basa en las ideas que surgieron de algunas de las mentes más brillantes del mundo. No obstante, lo nuestro es un formato sencillo y comprensible para que puedas practicarlo fácilmente.

Aquí te presento nuestro plan: este libro se compone de seis capítulos o "días". Cada día se convertirá en una herramienta indispensable para que puedas convertirte en una persona exitosa.

El Primer Día vamos a conocernos a nosotros mismos, aprendiendo que el pensamiento positivo no es sólo un asomo de optimismo, sino un derecho humano necesario.

El Día Dos, "transitaremos" por los caminos de la vida, lo cual significa definir dónde estamos, hacia dónde queremos llegar, y cómo podemos lograrlo.

El Día Tres, ya podremos elegir el camino adecuado para llegar a nuestro destino.

El Día Cuatro, enfrentaremos el dolor, pero conoceremos la ganancia que implica el esfuerzo cuando realmente queremos alcanzar una meta, sin desviar la atención de dicho objetivo.

El Día Cinco, aprenderemos a lidiar con los contratiempos, que también forman parte integral de cualquier camino hacia la cima.

El Día Seis, entenderemos cómo un segundo esfuerzo puede ser el secreto para transformarnos y, al mismo tiempo, mantenernos en el camino del éxito indefinidamente.

Estimado lector, estás a punto de embarcarte en un viaje nuevo y emocionante en el cual, no sólo aprenderás a desarrollar tu propio potencial, sino también a maximizarlo. También estás a punto de encontrarte con alguien a quien no conocías: ¡tú mismo!

Así es, casi siempre estamos tan ocupados corriendo dentro de la rueda —como los roedores que buscan sobrevivir a la carrera— que nunca llegamos a conocernos a nosotros mismos. Peor aún, ni siquiera tenemos tiempo de mirar el color del cielo.

Ahora estamos listos para empezar a escalar. A partir de este momento ya no te sentirás solo. También te convertirás en un ganador. Y por si acaso lo dudas, da vuelta a la página y continúa leyendo.

Día Uno

El verdadero tú

El derecho a pensar positivamente

Un vendedor exitoso siempre cree en el producto que vende. Sin embargo, a veces el éxito se nos escapa de las manos porque no creemos en nosotros mismos, y si tú no crees en ti mismo, es señal de que, o no te conoces lo suficiente, o tienes una imagen distorsionada de ti. No obstante, este capítulo cambiará tu forma de pensar.

Todos queremos escalar nuestra propia montaña con la firme voluntad de superar satisfactoriamente los contratiempos que nos presenta la vida, a la vez de permanecer en el círculo de los ganadores. *Todos soñamos con llegar a la cumbre más alta.*

Lo primero y más importante que debemos saber antes de emprender este viaje hacia la cima, es: ¿Quién soy?

Tal vez esto te parezca extraño, y te muestres impaciente: "¡Qué pregunta más tonta! ¿Estás insinuando que no sé *quién soy*?"

Desafortunadamente, la vida moderna a la que nos hemos acostumbrado, los medios publicitarios, la presión social, así como la necesidad de que otros aprueben lo que hacemos, nos llevan a desempeñar roles ficticios, por lo cual vivimos bajo falsas apariencias. Desviamos la atención de nuestra verdadera identidad y auténtica individualidad y por eso nos confundimos, generando una enorme diferencia entre *quiénes somos en realidad* y *quiénes creemos que somos*. Nos hemos convertido en "actores" a los que nunca nos satisface nada. Incluso, si llegáramos a tener éxito, éste sería —en el mejor de los casos— de corto plazo.

Las personas con delirio de grandeza siempre creen que son mejores de lo que realmente son, pero pronto se frustran porque no pueden alcanzar ni sus propias expectativas. Por ejemplo, si una persona se cree tan veloz como un tigre, está condenada a fracasar, ya que incluso si se convirtiera en la persona más rápida del mundo, y ganara una carrera de 100 metros en 9.8 segundos, aun así, seguiría siendo más lenta que un tigre.

Por el contrario, quienes sufren de complejo de inseguridad y baja autoestima, creen que no cuentan con las herramientas para triunfar, cuando en realidad tienen todos los recursos para lograrlo. Son como esos leones que se miran al espejo y lo único que ven es a un indefenso gatito.

El común denominador de ambos prototipos tan frecuentes hoy en día es que no se conocen a sí mismos. Pasan por la vida actuando en un mundo falso donde nadie está en contacto con su propia realidad, ni conocen sus verdaderas aptitudes y habilidades.

En el momento en que decidas ver de manera objetiva quién eres realmente y te aceptes a ti mismo por lo que eres, estarás dando ese maravilloso primer paso que te permitirá ascender la montaña de la vida. La recompensa será enorme, ya que tan pronto llegues a conocerte y a aceptarte por lo que realmente eres, obtendrás la verdadera libertad emocional, uno de los mayores regalos que nos ofrece la vida. Quien se siente emocionalmente libre, no depende de nadie más; no necesita escuchar cumplidos ni espera los "aplausos" de otros para sentirse bien consigo mismo.

Tres camaradas

La siguiente historia te dará una idea de lo que significa ser tú mismo:

Tres perros caminaban por separado en torno a las montañas. Los fuertes e inadvertidos vientos que acompañaban una peligrosa tormenta de nieve, amenazaban su posibilidad de volver sanos a casa. De pronto llegaron a un claro del bosque; era un día terriblemente frío y con poca visibilidad.

El primer perro, el cual se distinguía por su compasión y dedicación para ayudar a los demás, era un San Bernardo que traía un pequeño barril de ron atado al cuello, quien dijo a los otros dos: "¡Hola, amigos! Se nota que tienen mucho frío, los invito a tomar un trago de mi ron; éste los calentará y los reanimará. Si continúan teniendo frío pueden abrazarme; mi pelaje es muy espeso y cálido. Por favor, siéntanse libres de hacerlo".

El segundo perro, un Labrador Retriever, popular por su gran disposición, agradeció profundamente al San Bernardo el amable gesto. Luego, comentó: "Camaradas, les suplico que se queden conmigo; entre la nieve y la niebla de la montaña apenas podemos ver; es difícil orientarse y podemos perder la dirección. Sin embargo, tengo un sentido de orientación muy bueno. Mi trabajo es guiar a otros, especialmente a aquellos que no pueden ver. Quédense conmigo y estarán a salvo".

Después de que el San Bernardo y el Labrador intercambiaron sus propuestas, miraron al tercer perro y le preguntaron: "¿Quién eres tú, hermano?"

Éste pareció sentirse ofendido por la pregunta de sus dos camaradas, quienes lo llamaron "hermano". Entonces pensó: "¿Acaso no están viendo mi abrigo de oso? ¿No temen que me abalance sobre ellos?" El disfraz de Oso Grizzly le quedaba un poco grande, ya que sólo era un pequeño sabueso. Pero a $ 24.99 dólares —con algunos defectos incluidos—, no podía dejar pasar la oferta. Se aclaró la garganta y trató de gruñir como un oso de verdad. No hace falta decir que el gruñido no fue más que un ladrido extraño.

Un sabueso simplemente no puede hablar con acento de oso.

Los dos perros sonrieron apacibles. Ambos eran mucho más grandes que el "oso-perro", y mucho más fuertes también. Sabían quiénes eran y no tenían necesidad de fingir su fuerza. Eran reservadamente confiables y en realidad nada les intimidaba. "¿Quién eres tú en realidad?" —lo cuestionaron de nuevo.

"Mi bisabuelo fue rey de esta montaña y mi abuelo se convirtió en el mejor cazador de este sitio…"

El San Bernardo y el Labrador se miraron confusos y le dijeron: "No te estamos preguntando por tus antepasados; preguntamos por ti. ¿Quién eres tú?"

"¿No ven que soy un oso pardo?" El sabueso intento volver a gruñir, pero sólo se escuchó el ronquido de su garganta.

Los otros dos perros volvieron a sonreír inocentemente. Reírse de los demás era algo que nunca harían, ya que nadie puede ser feliz pisoteando a otros, incluso si —lamentablemente- hacen tonterías.

Con suavidad, el Labrador puso su pata sobre el hombro del sabueso, y comentó: "Querido primo, tu intento de ser alguien diferente a ti mismo es una doble tragedia. No importa cuánto lo intentes, nunca serás un oso Grizzly. Y mientras sigas fingiendo, *nunca lograrás ser tú mismo*".

¡El Labrador tenía razón! Mientras el sabueso se sonrojaba lleno de vergüenza, advirtió que lo único que hacía era tratar de impresionarlos con su lamentable intento por gruñir, así que ni siquiera ladró. Cuando sabes quién eres en realidad, no tienes que hacer ruido ni esfuerzos extraordinarios para llamar la atención.

Con una visión intuitiva para ver por las necesidades de los demás, el San Bernardo se expresó amablemente: "Los sabuesos son perros fantásticos. Tienen un excelente sentido del olfato y son muy leales. Muchos países los utilizan para prevenir el crimen y el terrorismo, tanto en aeropuertos como en fronteras, ya que pueden olfatear explosivos, narcóticos y otro contrabando ilegal. No necesitas ese disfraz, querido amigo. Tienes la capacidad de ser especial a tu manera; sólo sé tú mismo y muestra quién eres. En realidad, hay mucho que me gusta de ti... *ése es tu verdadero yo*".

El sabueso nunca había escuchado palabras tan motivadoras. Siempre envidió a los leones, tigres y osos; nadie le había mencionado nunca que existía un equipo de béisbol profesional llamado "Los Sabuesos", ni tampoco había visto la foto de un sabueso en el anuncio de una prestigiada revista... eso sólo era fantasear.

Por su parte, el Labrador y el San Bernardo sabían enfrentar cualquier condición de peligro extremo y los problemas no los asustaban. El sabueso los envidió por ser tan maravillosos modelos a seguir en este mundo real, especialmente cuando las condiciones no siempre son las mejores.

Aceptó su consejo. Se repitió a sí mismo una y otra vez: "Soy un sabueso; también soy valioso. Fui creado con mis propios talentos y habilidades; tengo un sentido del olfato fenomenal..."

Los tres perros caminaron fatigosamente por la nieve, abriéndose paso por el helado sendero de la montaña, mientras las ráfagas de viento y la nieve los azotaban como un látigo helado. Gracias al San Bernardo lograban darse calor de vez en cuando. Y gracias al Labrador, el magnífico perro guía, pudieron encontrar el camino, a pesar de que apenas podían ver. Pero fue también por el sabueso, quien finalmente actuó *como él mismo*, que encontraron la comida que los salvó de morir de hambre. Juntos llegaron a salvo a su destino.

Para que tú también puedas llegar a tu destino, primero debes saber *quién eres*.

¿Cuerpo, alma, o ambos?

Entonces, ¿Quiénes somos? ¿Qué somos? Tal vez te sorprenda saber que miles de personas se pasan la vida entera sin haberse cuestionado nunca esta pregunta tan significativa.

Como vimos en la historia anterior, el San Bernardo y el Labrador lograron progresar y obtuvieron el éxito deseado, aun bajo las condiciones más difíciles, porque sabían exactamente quiénes eran. Tan pronto el sabueso se quitó su ridículo disfraz y comenzó a actuar realmente como él mismo, también pudo lograr lo que deseaba. Entonces, *¿quiénes somos en la realidad?*

La vida moderna, la sociedad y los medios publicitarios, nos han hecho creer que sólo somos un cuerpo: un ente que sólo se nutre de atractivos físicos y de recompensas corporales. Sin embargo, esta definición es la fórmula que nos lleva a la depresión y a la frustración por dos motivos:

Primero, si todo lo que somos es sólo un cuerpo, entonces la vida no tiene ningún propósito, ya que sabemos que nuestra existencia es dolorosamente finita. A la tierna edad de treinta años, apenas estamos llegando a nuestro mejor estado físico, pero a partir de entonces, el cuerpo comienza un proceso gradualmente degenerativo: cada año trae consigo un nuevo dolor en alguna articulación, una nueva arruga, o necesitamos anteojos de aumento para poder leer. Cada día se convierte, simplemente, en uno más cerca de la tumba. ¿Es eso lo que en realidad estamos esperando?

El segundo motivo es que creemos que la vida sólo se centra en el cuerpo, y eso nunca nos dará la verdadera satisfacción, ¡porque *no sólo somos un cuerpo*! De hecho, si pudiéramos disfrutar de todos los placeres físicos, aun así no seríamos felices, ya que tenemos necesidades que van más allá de las físicas. Me refiero a nuestras necesidades emocionales y espirituales.

Las emociones se originan en el alma, es decir, la fuerza que nos empuja a vivir la vida. El alma es un diminuto microchip que se ubica en el cerebro y marca la diferencia entre una persona viva y una que ha fallecido. El alma es un pequeño fragmento de Dios.

¿Un pequeño fragmento de Dios? ¡Esas sí son buenas noticias!

Dado que el alma es esa pequeña chispa de Luz Divina, posee las mismas características de nuestro Creador. Así como Dios es infinito, también lo es el alma. Ambos desafían al tiempo y al espacio, y ninguno muere jamás. Cuanto más canalicemos nuestra vida hacia lo espiritual, más podremos abandonar la tendencia a sentirnos deprimidos y frustrados por habernos enfocado sólo en nuestro cuerpo. El alma nunca envejece; si la cuidamos adecuadamente, nunca se degenera. Y si cubrimos sus necesidades, veremos cómo la felicidad y la paz interior estarán ahí para siempre.

Algunas personas se van al otro extremo: como los monjes, se recluyen en un monasterio o en un retiro del bosque para ayunar y meditar. Ultimadamente, los monjes también se frustran igual que quienes sólo se enfocan en su cuerpo. ¿Por qué?

El Creador diseñó un cuerpo para albergar al alma, por lo cual nuestra verdadera felicidad y nuestra paz interior dependen de esa relación armoniosa entre ambos. Por consiguiente, la persona debe hacer su máximo esfuerzo para mantenerlos en el mejor estado.

Mi verdadero "*yo*" es el feliz intermediario entre mi cuerpo y mi alma cuando satisface las necesidades del cuerpo, aunque dichas necesidades sean determinadas por el alma. En otras palabras, cuando el cuerpo se pone al servicio del alma y no a la inversa. Un alma sana se aleja de cualquier placer físico cuando éste perjudica y daña al cuerpo. Por ejemplo, aunque al cuerpo le guste alimentarse de pizza y refrescos de cola, un alma sana no lo permitiría porque esto no es saludable.

Un alma sana tampoco permitiría que su cuerpo accediera a una relación extramarital por más gratificante que esto le resultara al cuerpo, ya que sería devastador para el alma.

Dado que tu verdadero *"yo"* es el alma que habita en tu cuerpo —y tú eres mucho más que un cuerpo—, tu potencial no sólo se limita al cuerpo, sino que también se define por el alma. Y como tu alma es un pequeño fragmento del Creador y Él es ilimitado, entonces ¡*tu potencial también es ilimitado*!

Pregúntale a cualquier deportista si podría correr 40 kilómetros porque su cuerpo esté bien ejercitado; todos te responderán con un rotundo "no". Durante muchos años, yo mismo me comprometí a correr largas distancias todos los días, sin embargo, mi cuerpo no era capaz de alcanzar ni los 16 kilómetros; menos de medio maratón. Corría con todo mi "corazón", con todo mi empeño y con toda mi fuerza de voluntad; cuando el cuerpo ya no aguantaba, el alma entraba en acción, ya que el deseo y la voluntad son poderes que se originan en el alma.

Este pequeño pero profundo ejemplo nos muestra cómo, si nos dejamos llevar por el poder del alma y la fuerza espiritual, seremos capaces de expandir nuestro potencial de manera acelerada.

Esta es tu tarea para el Día Uno, querido lector. Date cuenta de que no eres sólo un cuerpo. Tu nuevo peinado, tu nuevo traje y esos abdominales que pasas tanto tiempo ejercitando en el gimnasio, sólo son adornos externos de tu verdadero "yo". También es importante conocer tu alma y sus necesidades; no permitas que sólo el cuerpo decida. Por supuesto que es importante mantener un cuerpo sano y en buena condición, así como una buena higiene y una apariencia saludable, que también son cuestiones básicas de respeto a uno mismo. No obstante, si sólo nos dedicamos a cuidar de nuestro cuerpo, nunca llegaremos a la cima.

Igual que en un maratón, o si escalamos una montaña difícil, nuestro cuerpo se dará por vencido mucho antes de llegar a la meta.

Una vez que hayamos decidido llegar a la cúspide de la montaña, tendremos que aprovechar el potencial y la fuerza que nos da el alma, ya que es una reserva de capacidad ilimitada.

¿Cómo obtenemos esa fuerza?

Si ponemos toda nuestra fe en Dios, conscientes de que nuestra alma es un pequeño fragmento de Él, nos pareceremos a un pozo de petróleo que se conecta a un depósito de oro negro que no se acaba nunca. Mientras lo sigamos bombeando, seguirá brotando hacia la superficie.

Éste es el poder de la fe que en hebreo llamamos *emuná*, el incentivo más hermoso de toda la Creación. Con fe, sacaremos a la superficie nuestro potencial oculto, ése que aún no hemos explotado lo suficiente. La fe es lo único que nos permitirá creer en nosotros mismos y romper las barreras de cualquier limitante a la que creamos estar atados.

Hablar aquí de Dios y de fe no tiene que ver en absoluto con la religión. No todas las personas "religiosas" tienen fe, así como tampoco quienes tienen fe necesariamente son religiosas. Dado que el Creador desafía cualquier limitante y es Todopoderoso, cuanto más nos conectemos con Él, más podremos aprovechar nuestro potencial. Es tan simple como eso. Incluso, cuanto más fuerte sea nuestro apego a Dios, más fuerza le daremos a nuestra alma.

Y cuanto más fuerte sea nuestra alma, mayor será nuestro potencial. Entonces, ¿cómo crear una sólida relación con nuestro Creador? Le hablamos en nuestro idioma, con nuestras propias palabras; le pedimos Su ayuda en todo lo que hagamos para poder triunfar y llegar a la cima… Espera y verás.

Tu derecho a pensar de manera positiva

Tan pronto hayamos entendido el motivo por el cual fue creado el mundo y todas sus criaturas, podremos comenzar a pensar de manera positiva. El pensamiento positivo no se parece en absoluto a ese par de lentes que te hacen ver todo color de rosa, sino que es un derecho humano y necesario. Ahora te digo por qué:

Un individuo racional nunca haría algo que no tuviera un objetivo en específico. Por ejemplo, si le pides a alguien que suba y baje la mano durante sesenta minutos sin ningún motivo aparente, por supuesto que esa persona se negaría. Incluso, si te ofrecieran un salario justo para cumplir con alguna tarea especial, tal vez no lo aceptarías si ves que lo que estás haciendo no cumple ningún objetivo.

Por el contrario, si haces las cosas para cumplir con un objetivo, no hace falta decirte que el Creador también hace las cosas con un objetivo específico y muy bueno.

¿Acaso Dios creó este universo tan magnífico, desde la más diminuta célula, hasta las grandes galaxias, sólo porque estaba aburrido? ¡Obviamente no! Cada mineral, cada planta, cada animal y cada ser humano tienen un propósito importante en el esquema general de toda la Creación. Dios creó a cada persona con mecanismos fabulosamente sofisticados —desde inteligencia y habilidades físicas, hasta un poder espiritual— por una razón específica.

Cada individuo es parte de un todo, es decir, de toda la obra de la Creación. Dado que la Creación tiene un objetivo, entonces cada individuo también tiene un objetivo en el mundo, y cada uno comparte las características de ese todo. ¿Te das cuenta de lo que esto representa?

Si el Creador te puso aquí, significa que en este momento el mundo no puede existir sin ti, ya que fuiste creado para un objetivo específico. Con esto en mente, podrás creer más en ti, ya que el Creador te dio tus propias herramientas para cumplir con éxito la misión tan especial y personal que tienes en la vida. Y sabiendo que el Creador quiere que triunfes en todo lo que hagas, ahora podrás pensar positivamente.

Preguntémonos de nuevo: ¿Estamos aquí para satisfacer sólo a nuestro cuerpo? Ultimadamente, el cuerpo está destinado a permanecer en la tumba. El Creador no nos hubiera confiado tan sofisticada maquinaria espiritual y emocional si sólo hubiésemos venido a trabajar como burros el resto de nuestra vida para luego morir y después convertirnos en algo que sólo sirve para abonar la tierra. Sin embargo, al cuerpo le seguimos invirtiendo en un spa, comida de primera calidad, ejercicios, masajes, tratamientos de belleza… lo que sea, aunque igual termine hecho polvo. Es duro decirlo, pero es la verdad.

El cuerpo está gobernado por la gravedad física que finalmente nos derriba. El alma está gobernada por la gravedad espiritual, que nos eleva.

Cuanto más nos enfoquemos en cuidar el alma, más pensamientos positivos llegarán a nuestra mente. Y cuanto más pensemos de manera positiva, mayor será nuestro éxito. Por consiguiente, como nuestro verdadero "yo" se encuentra en el alma, y el cuerpo sirve sólo para alojarla. Ahora permítete creer en ti mismo y piensa positivamente. ¡Tú puedes lograrlo y triunfarás!

Siete motivos para creer en ti mismo

Si aún no estás convencido de que tienes todo el derecho de creer en ti mismo, aquí te presento siete razones para que lo creas. Acostúmbrate a repetirlas habitualmente, hasta que se conviertan en parte de tu propia naturaleza:

1. **Soy único**. Dios me creó tal como lo hizo con cualquier otra criatura, con atributos personales que nadie más tiene; con mis propias huellas dactilares que son únicas. No hay excepción a esta regla.

2. **Tengo una misión que cumplir**. Dios me dotó con cualidades, habilidades y talentos especiales que me permiten cumplir con la misión que tengo en el mundo. Si no reconozco mis propias cualidades, habilidades y talentos, tengo la obligación de buscarlas e identificarlas, ya que ciertamente existen dentro de mí.

3. **Puedo cumplir la misión que tengo en el mundo**. Dios le concedió a cada criatura todo lo necesario para llevar a cabo su misión en el mundo. Si un castor es capaz de construir una presa, y una almeja puede producir una perla, entonces yo también puedo cumplir con mi misión.

4. **El Creador me ama**. Él es mi Padre Celestial, y a pesar de que tiene muchos hijos, no tiene otro hijo como yo. Él moldeó un ser único, creado a Su propia imagen y semejanza. Y siendo un Padre Celestial tan amoroso, siempre hará todo lo bueno para mí. Esto me da confianza y me motiva a creer más en mí mismo.

5. **Soy alguien que vale la pena**. Mi alma es una preciada y diminuta chispa de Luz

Divina. Cuanto más yo engrandezca mi alma, más evidente será mi valor.

6. **Tengo el poder de mejorar**. Fortalecer y refinar el carácter es parte importante de la misión que toda persona tiene en el mundo. Si el Creador me dio una tarea para cumplir, también me dará la fuerza para poder llevarla a cabo satisfactoriamente.

7. **Puedo ser feliz**. Mi felicidad no depende de si llego o no la cima. Puedo ser feliz ahora mismo. De hecho, cuanto más feliz sea, mayores serán mis posibilidades de llegar a la cima.

Repite estos siete puntos una y otra vez, todos los días, hasta asimilarlos. Cuando creas en ti mismo, verás cómo tu vida puede llegar a un nivel superior.

En los próximos capítulos nos iremos familiarizando más con nuestras propias herramientas. Esta parte del libro nos ayudó a conocernos mejor y a saber quiénes somos. A partir de ahora, podremos definir quiénes somos y hacia dónde queremos llegar. Continuemos con nuestro viaje…

Día Dos

Define dónde estás y hacia dónde vas

Quien no tiene la mirada fija en una meta o en un destino, simplemente no puede llegar a ninguna parte. Muchos parecen estar "flotando sobre el agua": siguen navegando en el mismo lugar durante años y, como el agua, si no fluyen, se estancan.

La diferencia entre una persona que sube a la montaña y otra que se queda abajo puede resumirse en una palabra: *deseo*. Cada uno de nosotros ha tenido alguna situación en la que se ha dicho: "Necesito superarme". Cuanto más firme era nuestro deseo, más nos dábamos cuenta de lo que éramos capaces de hacer.

De hecho, no tiene por qué tratarse de una situación de vida o muerte; puede ser un partido de fútbol o una carrera que tienes muchos deseos de ganar. ¿Cuántas veces vimos a un futbolista hacer una jugada increíble en una final de campeonato? Sin embargo, no vemos jugadas tan increíbles durante las prácticas, ya que el jugador no se siente tan motivado como lo haría en una final.

Motivación y voluntad

La motivación es deseo y el deseo es fortaleza. Cuando estamos conscientes de nuestras propias fortalezas, nos convertimos en seres mucho más eficientes. Por eso, para saber hacia dónde vamos, primero debemos entender dónde estamos. "Dónde estamos" significa reconocer nuestras fortalezas y debilidades, y una vez que las tengamos claras, incluso nuestras debilidades se pondrán a nuestro favor.

Por ejemplo, si una persona mide solamente 1.40 metros y pesa 65 kilos, difícilmente podrá convertirse en un jugador profesional de basquetbol o de futbol. No obstante, su condición no es un inconveniente para desarrollarse en muchos otros deportes como el atletismo, el judo o la gimnasia olímpica. Las llamadas "debilidades" de una persona no son en absoluto debilidades, sino que simplemente son ayudas "para movernos" y nos llegan desde Arriba para que podamos encauzarlas hacia la dirección correcta.

Por consiguiente, no debemos limitarnos por nuestras mal llamadas debilidades, ya que la falta de motivación y de deseo es lo que nos impide reconocer nuestro valor intelectual y físico. Pronto nos daremos cuenta por qué.

Saber quién eres también significa saber dónde estás.

En el primer capítulo aprendimos que el verdadero "yo" es el alma; **la voluntad y el deseo vienen del alma**. En otras palabras, tener la voluntad y el deseo para hacer algo, es señal de que poseemos una gran fuerza interior.

Saber dónde estamos significa medir los niveles en los que se encuentra nuestra voluntad y nuestro deseo. Sólo entonces podremos lograr todo aquello que nos propongamos. Si no sabemos dónde estamos, no podemos saber qué camino vamos a tomar para llegar a la cumbre de nuestra propia montaña.

Supongamos que quieres llegar a Kansas City, pero no tienes idea si estás en Nueva York, Los Ángeles, Dallas o Minneapolis. Mientras que un neoyorquino debe viajar hacia el Oeste para llegar a Kansas City, alguien de Los Ángeles debe viajar hacia el Este. Una persona de Dallas tendría que dirigirse hacia el Norte, mientras que su contraparte, en Minneapolis, tendría que ir al Sur. Si no sabes dónde te encuentras en este momento, es imposible que sepas qué dirección seguir. Por ello no es de extrañar que tanta gente esté totalmente perdida en la vida.

Como veremos a continuación, la vida es exactamente como si estuviéramos escalando una montaña: comenzamos desde abajo, y gradualmente vamos ascendiendo con mucho esfuerzo en dirección a la "cima", que son nuestras metas y ambiciones. Si no tenemos la firme voluntad para alcanzarlas, no llegaremos a ninguna parte.

La falta de voluntad y deseo nos atemoriza y nos provoca emociones negativas. Nunca verás que una persona realmente motivada se sienta triste o deprimida. Los mejores maestros, orientadores de vida, jefes y empleados, tienen la capacidad de motivar la voluntad y el deseo en el corazón de aquellos que están bajo su responsabilidad.

Los diferentes caminos que suben por varias partes de la montaña se asemejan a las opciones que se nos presentan en la vida real: son las decisiones que debemos tomar y que nos influyen a futuro.

Un alpinista sin un mapa, o con un mapa escrito en un idioma que no domina, no tiene posibilidad de llegar a su destino. De igual manera, quienes carecen de voluntad y deseo tampoco pueden llegar a su destino porque no están orientados; sufren innecesariamente y nunca sabrán qué camino tomar. ¡Están perdidos!

Vivir sin voluntad y deseo es como escalar los senderos de una montaña en una noche oscura sin una linterna en la mano. Imagínate pisar una grieta, sufrir una lesión grave y luego descubrir que tenías la linterna en tu mochila. ¡Qué pena! Si hubieras sabido que tenías una linterna contigo, ¡habrías caminado con seguridad por la senda que te llevaba hacia la montaña!

Este mundo material también se asemeja a la montaña: la vida es como el camino que finalmente nos llevará a la cima. A pesar de que de pronto se ponga "oscuro" y nos enfrente a serias y constantes dificultades, nuestra linterna nos motivará a sentir el deseo de iluminar nuestro camino. Si elegimos seguir viviendo sin los beneficios que nos proporciona el deseo, nuestra existencia se volverá insoportable. Por ello, la clave para tener una vida significativa —física y mentalmente sana—, es tener una firme voluntad y deseo.

Una vida carente de deseo puede parecerse a un turista que no puede leer el mapa o ni comprender el idioma y los señalamientos, por lo que llegará a una dirección equivocada; será como un alma perdida en todos sentidos. Es realmente aterrador pensar en cuántas personas que carecen de motivación, deseo y dirección, viajan por caminos aleatorios y toman decisiones importantes sólo por apatía o por instinto.

Cuando un avión vuela entre densas nubes grises, resiente la constante turbulencia. Volar es difícil y peligroso, y a los pasajeros —quienes abrochados en sus asientos se sacuden hacia arriba y hacia abajo con náusea debido a la sensación de caída— se les dificulta realizar hasta los movimientos más sencillos. De pronto, el avión se eleva por encima de las nubes y cruza un cielo azul donde brilla el sol. Los pasajeros miran por la ventana el colchón de nubes grises debajo de ellos y cuando el avión se nivela a una velocidad y altitud de crucero, se sienten tranquilos y confiados, como si estuvieran en la sala de su casa. Ahora reanudan su modo normal de actividad.

De igual manera, el deseo y la voluntad nos elevan por encima de la turbulencia para sobrevivir en un mundo que, muchas veces, no es tan agradable. Sin éstos, los problemas se vuelven insoportables. Con ellos, podemos enfrentar los más grandes retos con más fortaleza y una sonrisa de satisfacción.

No todos tenemos un cuerpo atlético ni un coeficiente intelectual de 135; tampoco un rostro y una figura de concurso de belleza. Finalmente, nuestros talentos naturales no determinan nuestro éxito. Sin embargo, aquellos que creíamos tan "débiles" como para superar sus problemas, cuando tienen una ferviente voluntad y deseo, logran lo que se proponen.

Tener talento natural es como subir una escalera eléctrica, pero la voluntad y el deseo sirven para trepar dos escalones a la vez. De hecho, quien sube corriendo por una escalera convencional, llegará más rápido al nivel superior que quien lo hace por una escalera eléctrica. Aunque su vida no sea tan fácil como la de quien sube por la escalera eléctrica, en última instancia, será él quien tenga éxito.

Cómo motivarnos a nosotros mismos

Hacia el final del capítulo anterior, vimos cómo el Creador nos puso en el mundo con un objetivo específico y nos dio nuestro propio juego de herramientas para cumplir una misión especial en la vida. Cuanto más reflexionemos sobre ello, más motivados nos sentiremos para poder conocer a nuestro verdadero "yo" y así llevar a la práctica nuestros talentos y habilidades personales.

Si la persona supiera qué tan importante es él/ella en el mundo, se sentiría sumamente motivado/a. Conforme más nos demos cuenta de que cada movimiento que hacemos tiene un profundo efecto en toda la obra de la Creación, mayor será el incentivo para dar nuestro mejor esfuerzo en todo lo que realicemos.

No creas que eres un simple individuo; caminas por la vida con un microchip espiritual que se encuentra dentro de ti —tu alma— una diminuta chispa de la Luz Divina.

El motivo principal por el cual nos referimos a Dios como un "Padre Celestial", es porque realmente Él es nuestro Padre y todos tenemos Su mismo ADN espiritual. Este hecho representa algo muy profundo, ya que, así como Dios es ilimitado, implícitamente nosotros también somos seres ilimitados, como lo hemos visto con grandes personajes de la historia: hombres y mujeres que fueron capaces de lograr cualquier cosa de manera audaz. Entonces, si sabemos que lo único que nos limita es nuestra fuerza de voluntad, tendremos una razón suficiente para sentirnos motivados.

Cuando nos sentimos motivados, incluso para "alcanzar las estrellas", aunque no lo logremos, significa que vamos hacia arriba.

Elige tu meta — ¡mira hacia la cima!

Ahora ya podemos avanzar y elegir el destino correcto: *"nuestro objetivo de vida"*.

El mundo occidental nos ha engañado para que vayamos en busca de la recompensa inmediata, pero esto suele ser muy fácil. No es lo mismo una taza de café instantáneo, que una aromática *demitasse* de café turco recién molido sobre una piedra y preparado por un beduino que lo hierve con acacia sobre las brasas durante media hora.

Cuando conseguimos las cosas de manera fácil, veremos dos puntos indiscutibles:

1. Evidentemente, no eran nuestro objetivo

2. No nos llevarán a la cima.

Una gimnasta olímpica obviamente no ganaría la medalla de oro sólo por haber dado una marometa, ya que cualquier niña de tres años de edad lo puede hacer. La gimnasta suma puntos a su favor según su "nivel de dificultad", es decir, cuando logra su reto más importante.

Los atletas profesionales se lesionan y sufren dolor. ¿Por qué? Porque sus recompensas son de acuerdo a la dedicación y esfuerzo que invierten en su vida.

Por supuesto que siempre el camino del menor esfuerzo es el más cómodo, pero éste no te llevará a la cima. Recuerda que la "comodidad" no tiene que ver en absoluto con la recompensa. Quienes corren un maratón tampoco la tienen fácil, pero ¡ni por todo el oro del mundo cambiarían la satisfacción de haber corrido esos 42 kilómetros!

Cada individuo tiene una misión importante que cumplir. El Creador hace todo con un propósito premeditado, así que, si creó a un ser humano en particular, ¡significa que el mundo necesita a esa persona! Con esto en mente, nunca nos sentiremos menos que nadie.

Como veremos en el capítulo siguiente, cada persona tiene su propio juego de herramientas especiales para poder cumplir con su misión. *¡Tu misión en la vida es alcanzar tu cima personal! ¡No compitas con nadie más que con tus propios pensamientos negativos!*

¿Por qué tantas dificultades?

Cuando nos llega todo de manera fácil, ni mejoramos ni crecemos en nuestro deseo ni en nuestra voluntad.

Los contratiempos, así como los retos e inconvenientes que afrontamos para poder llegar a lo más alto, fueron diseñados por Dios para estimular nuestra fuerza de voluntad y nuestro deseo. De hecho, los problemas más difíciles nos obligan a hacer un inventario de nosotros mismos.

En la ingeniería existe un concepto conocido como "resistencia a la tracción", que mide la fuerza necesaria para empujar o tirar de algo —como una cuerda, un cable o una viga de la estructura—, hasta el punto en que se rompe. La resistencia a la tracción de un material es, por lo tanto, la cantidad máxima de presión a la que puede estar sometido un objeto antes de que se rompa completamente.

Nunca podremos saber cuánto puede resistir un material hasta que lo probemos; es decir, hasta que lo expongamos a una presión y/o estrés extremo. A esto se le llama la "prueba del máximo esfuerzo". Por ejemplo, un fabricante de cartón siempre debe señalar en la caja la cantidad de presión que ésta puede soportar.

De igual modo, los problemas que enfrentamos en la vida, cuando se refieren al concepto anterior, son siempre para recibir un beneficio posterior, como todo lo que hace el Creador.

Nuestro "fabricante" nos quiere demostrar de lo que somos capaces de soportar, y generalmente es mucho más de lo que nosotros mismos pensamos que podríamos lograr. Por lo tanto, estas dificultades no son más que "pruebas de rutina" para demostrarnos a nosotros mismos que podemos superar nuestra "prueba de máximo esfuerzo".

Entonces, más que quejarnos —lo cual no nos llevará a la cima de nuestra propia montaña— nos convertiremos en mejores personas y nos esforzaremos a nivel emocional y espiritual. Una vez que lo logremos, no solamente seremos capaces de alcanzar cumbres cada vez más altas, sino que nuestra escalada por la vida será más fácil.

Pero regresemos a la idea original con la que comenzamos este capítulo: *dónde estamos*.

A la edad de 33 años, yo era una persona "exitosa" de acuerdo a lo que pensaban mis compañeros y la sociedad de la que formaba parte. Tenía una carrera en agricultura con especialidad en tecnología de productos agrícolas; ganaba mucho dinero y tenía una vida social satisfactoria. También disfrutaba de dos pasatiempos con los que gané importantes premios: corría largas distancias y me dedicaba a la fotografía. Sin embargo, no me sentía ni feliz ni tranquilo; no estaba conforme con nada.

Cuando estalló la guerra, fui llamado como reservista al servicio militar. Ahí me enfrenté cara a cara con la muerte, la que me enseñó que, en ese momento, me encontraba en el camino incorrecto.

El día más difícil que he vivido se convirtió en el mejor de toda mi existencia, ya que comencé a hacerme preguntas sensatas: *¿Quién soy? ¿Dónde estoy? ¿Hacia dónde quiero llegar?* Tal vez si no fuera por ese encuentro tan cercano a la muerte, ahora yo tendría una vida frívola y sin sentido.

En ese día tan peligroso y especial, en plena guerra, tomé la decisión de comenzar a trazar un nuevo camino. Aunque algunos me tacharon de loco, por primera vez escuché mi propia voz interior en lugar de todo ese "cacareo" externo que percibía a mi alrededor.

El hecho de hacer una revisión de mi vida fue lo mejor que me pudo haber sucedido hasta entonces; fue algo inmensamente gratificante, pero por supuesto nada fácil. Y no fue el último de los repasos de vida que me he hecho. Tú También puedes hacerlo si persigues —realmente y sin temor— tus verdaderos deseos y ambiciones.

Autoevaluación – eligiendo la meta correcta

No temas formularte algunas preguntas importantes sobre de tu vida, como muchas personas evitan hacerlo. ¡Justamente por eso no son felices!

1. ¿Qué me hace sentir orgulloso de mí?

2. ¿Me he fijado una meta, o ando sin rumbo fijo?

3. ¿Mi vida se rige por mi propia voluntad, o por la voluntad de otros?

4. ¿Cuáles son mis puntos a favor?

5. ¿Estoy cumpliendo con la misión que tengo en el mundo?

Si respondemos honestamente a estas cinco preguntas, no sólo estaremos definiendo en qué punto de la vida nos encontramos, sino que fortaleceremos nuestra capacidad de poder elegir una meta —ese camino tan especial que nos llevará a lo más alto de la montaña— para que alcancemos nuestra cima personal.

A partir de este momento, olvídate de las cimas y los caminos que otros buscan. Enfócate en tu propia vida, ya que sin importar lo que la sociedad y los medios te digan, tú no estás compitiendo con nadie; sólo contigo mismo.

Trabajemos en las cinco preguntas anteriores y hagamos una honesta evaluación personal de manera más eficiente:

Primero, ¿qué me hace sentir orgulloso de mí? Aquí debemos diferenciar entre una emoción temporal y la plena satisfacción. Claro, comerte una dona cubierta de chocolate se siente como estar en el paraíso, pero es una emoción limitada. La mayoría se arrepiente segundos después de terminarse el último bocado, ya que todo lo que aprovecharon fueron las calorías. Con el dicho "un minuto en la boca, pero años en las caderas", vemos que no sólo el alma se angustia por la "satisfacción inmediata" del exceso y la tolerancia del cuerpo, sino que el cuerpo paga un alto precio a expensas de su propia salud y bienestar. Por lo tanto, podemos coincidir en que consumir donas cubiertas de chocolate, así como otras calorías que no nutren, no nos producen satisfacción.

¿Qué te hace sentir bien por dentro? ¿Qué te motiva a sentirte orgulloso de ti mismo? ¿Qué te hace sentir tan pleno y feliz, sin necesidad de esperar la aprobación y los halagos de los demás? Tus respuestas serán los "focos rojos" que te indicarán el camino que debes seguir para sentirte feliz y orgulloso del destino que has elegido.

Segundo, ¿me he fijado una meta, o ando sin rumbo fijo? Mucha gente sigue "flotando sobre el agua": trabajan para vivir y viven para trabajar. ¿Es sólo un cheque quincenal lo único que nos queda por esperar? De hecho, algunos continúan tristes y deprimidos porque no tienen una meta final.

Cuando nos enfocamos en una meta, las dificultades y el dolor se convierten en un problema secundario. Por lo tanto, si no tenemos un objetivo en la vida, los frecuentes e inevitables retos que debamos enfrentar, harán que nuestra vida se vuelva insoportable.

Hay un mundo de diferencia entre aquel individuo que practica la medicina sólo para hacer dinero, y otro que sueña con salvar vidas para calmar el sufrimiento humano. El primero nunca tratará a un niño de familia marginada cuyos padres no pueden pagarle sus honorarios. En cambio, el segundo, tendrá compasión por el niño enfermo. Al tratarlo, este médico misericordioso estará haciendo del mundo un mejor lugar para vivir.

Por supuesto que ganar dinero es una meta, pero no es eterna ni gratificante. Una de dos cosas suceden con el tema del dinero: o la persona se aleja del dinero, o el dinero se aleja de la persona. Nunca permanecerán juntos para la eternidad, y una meta significativa es aquella que nadie te puede quitar.

Los roedores persisten y siguen dando vueltas y vueltas en la misma rueda, pero nosotros somos humanos, no roedores. No podemos escalar la montaña hasta que no nos bajemos de esa rueda que nos mantiene paralizados en el mismo lugar, a pesar de todo el esfuerzo que hagamos por salir de ahí.

Tercero, ¿mi vida se rige por mi propia voluntad o por la voluntad de otros? Muchos padres de familia obligan a sus hijos a hacer cosas que el niño no tolera. Por ejemplo, el padre que ama el futbol, pero nunca logró formar parte de un equipo profesional, sueña con que su hijo se convierta en un jugador estrella y, por consiguiente, le mete el futbol hasta por las narices. ¿Tal vez el sueño de su hijo era convertirse en violinista? Bajo la presión paternal, nunca podrá ser ni feliz, ni exitoso, pues no va a sobresalir ni como futbolista ni tampoco podrá destacar como violinista. ¡Una doble frustración!

La verdadera autoevaluación consiste en mirar honestamente dentro de nosotros y hacernos preguntas que nos lleven a la reflexión, tales como: ¿Estoy haciendo lo que quiero, o estoy deambulando por un camino que otros han hecho por mí? ¿Estoy siguiendo el camino que es correcto para mí? ¿Qué quiero de mí mismo? ¿A dónde quiero llegar? ¿Estoy utilizando correctamente mis talentos y fortalezas?

Cuarto, ¿cuáles son mis puntos a favor? Nuestros puntos a favor son esas cualidades, talentos y aptitudes especiales que Dios implantó dentro de cada uno de nosotros, que nos permiten escalar nuestra propia montaña y alcanzar la cima. Son las herramientas que nos hacen más fácil la llegada a la cima. Así como un alpinista necesita llevar una mochila bien equipada con cuerdas, botas, martillo y clavijas para poder subir a la montaña, nosotros necesitamos las herramientas especiales que nos permitan cumplir con nuestra misión en la vida —como pronto lo veremos al llegar al Día Tres.

Quinto, ¿estoy cumpliendo con la misión que tengo en la vida? Si respondiste acertadamente a las cuatro preguntas anteriores, sabrás que estás cumpliendo con la tarea que el Creador te encargó llevar a cabo cuando te puso en este mundo. Aquí te digo por qué:

Como lo detallaremos en el siguiente capítulo, Dios crea a todo ser vivo con atributos únicos y propios de cada uno. *Tú no eres la excepción.* La combinación de atributos, habilidades y talentos especiales que Él puso en ti, te permiten cumplir con tu propia misión en la vida.

Si te sientes infeliz o insatisfecho, probablemente no has aprovechado todos tus recursos y, por lo tanto, no los estás poniendo en práctica para poder cumplir con esa misión tan especial y particular que tienes.

No te dejes engañar

La sociedad moderna se ha empeñado en decretar que nos fijemos metas materialistas, pero debes saber que ningún dinero, fama, o "juguetes" sofisticados pueden satisfacer las necesidades del alma. El alma sólo se satisface cuando cumple su misión en el mundo. Por consiguiente, no te dejes engañar creyendo que el dinero y la fama son un objetivo en la vida.

Las comodidades y las cosas materiales no compran nuestra tranquilidad ni mejoran nuestro carácter; tampoco nos dan paz interior, y no te permitirán dejar tu huella en el mundo, a menos que tu objetivo sea convertirte en un importante filántropo. La fama y la fortuna de Marilyn Monroe, Elvis Presley, Janis Joplin, Karen Carpenter, Jimmy Hendricks y una larga lista de personalidades ricas y famosas, no impidieron que se suicidaran o murieran siendo tan jóvenes.

En busca de mi destino

En este capítulo nos enfocaremos a saber quiénes somos, dónde estamos y hacia dónde queremos ir. Una vez que respondimos con honestidad a las cinco preguntas anteriores que nos ayudaron a autoevaluarnos, agregaremos nuestras propias plegarias para dirigirnos al Creador, suplicándole que nos ayude a obtener claridad. Seguramente construiremos un destino correcto donde fijar nuestra mirada. Nos enfocaremos mejor y seremos más productivos porque ya tenemos una meta clara. Ya no perderemos tiempo esforzándonos en aquello que no vale la pena. ¡Qué increíbles bendiciones!

Hemos dedicado el Día Dos a establecer dónde nos encontramos en el curso de nuestra vida y hacia dónde queremos ir. Ahora estamos listos para identificarnos y familiarizarnos con nuestras herramientas especiales, las cuales nos ayudarán a escalar exitosamente nuestra propia cima.

Día Tres

Las herramientas correctas y el camino correcto

Cualquier alpinista experto será extremadamente meticuloso al momento de preparar su mochila antes de salir a escalar. El éxito o el fracaso de toda su aventura podría depender, incluso, de si olvidara hasta un par de simples agujetas.

Al nacer, Dios nos entregó una mochila preparada con todas las herramientas que necesitaremos para escalar nuestra propia montaña, con el objetivo de que nos sea fácil llegar a la cumbre más alta. Ahora nuestra tarea es familiarizarnos con esas herramientas para que, además de limpiarlas, las cuidemos y las utilicemos de la manera correcta.

Tu mochila

Metafóricamente, tu "mochila" incluye una serie de talentos y aptitudes únicas que nadie más tiene igual que tú. Dios te creó como un ser único. Tienes una tarea especial y personal, que es cumplir con tu misión en la vida. De otra manera, no estarías aquí. Nada fue creado por casualidad o por error; cada obra de la creación tiene un motivo y es imprescindible para el buen funcionamiento del universo.

El Rey David no podía entender por qué Dios creó a las arañas. Un día, estando solo en el desierto, exhausto, con la boca seca, sin fuerza en las piernas y casi agonizando, logró escapar de sus enemigos. Sin embargo, éstos lo persiguieron despiadadamente y estaban a punto de atraparlo.

El Rey David no tenía opción —el único lugar que encontró para refugiarse fue una cueva. Se arrastró hacia adentro y lloró silenciosamente suplicando desde lo más profundo de su alma. Podía escuchar a sus enemigos acercándose a caballo...

Una enorme araña comenzó a flanquear la entrada de la cueva. A los pocos minutos, el acceso a la cueva estaba totalmente cubierto por una telaraña. "Seguramente él no puede estar ahí dentro", comentaron los hombres. "¡Sólo vean el tamaño de la telaraña!" La araña salvó la vida del Rey David, así que ya no se cuestionó más sobre la necesidad de cada una de las creaciones de Dios.

Si las arañas son de vital importancia para el mundo, entonces ¿cómo podrías pensar que tú no lo eres? Como ser humano, ¡eres la criatura más grandiosa de toda la Creación!

Deja de pensar que otras personas son mejores, más inteligentes, o más talentosas que tú. Si piensas así, es una clara señal de que no te conoces lo suficiente, o bien, no has dedicado tiempo para ver todas las extraordinarias herramientas que tienes dentro de tu mochila, o ¡ni siquiera te has dado cuenta de que existen!

Los celos son una emoción ridícula

Ahora voy a comprobarte lo ridícula que es la envidia —es una emoción negativa para que el Instinto del Mal (*yétzer hará*) te desarme, además de que te desgasta emocionalmente y desperdicia gran parte de tu capacidad mental, ya que te quita serenidad y la entereza. Lo peor de todo, es que te lleva a la depresión.

¿Conoces algún carpintero que se haya encelado de un plomero? ¡Nunca! Los carpinteros son felices porque no tienen que destapar caños e inodoros como lo hacen los plomeros. Claro, el plomero tiene todo tipo de llaves inglesas y herramientas que no encontrará en la caja de herramientas del carpintero. Tampoco requiere de una llave inglesa para construir una mesa, de tal manera que no se encelaría del plomero porque tiene su propio trabajo qué hacer. Herramientas como ladrillos, sierras para cortar la madera, las grúas y los clavos son herramientas que ningún plomero necesitará jamás.

Si vemos el contenido de la caja de herramientas de un electricista, encontraremos instrumentos que ningún otro plomero o carpintero tiene. El electricista podrá reemplazar un fusible quemado, pero no podrá destapar un fregadero ni construir una mesa.

Una vez que sepas cuál es tu misión en la vida, nunca más sentirás envidia de nadie. ¿Cómo saber cuál es esa misión? Toma de nuevo tu mochila y mira lo que hay dentro. Descubrirás que, incluso, las herramientas que no has utilizado también te pueden servir para identificar cuál es tu misión en la vida y encontrar así el mejor camino hacia tu cima.

¿Te das cuenta de lo que eso significa? ¡Incluso tus desventajas pueden ser ventajas! Veamos cómo:

Si eres sordo, definitivamente tu misión no es ser cantante de ópera. Y si eres muy miope, no es una buena idea soñar con ser piloto de guerra. ¿Por qué? Te faltan las herramientas; ésa no es tu misión. Sin embargo, ser sordo o miope no te impedirán poder descubrir una cura para el cáncer o enseñar a leer a niños con necesidades especiales.

Dios le da a cada persona lo que necesita para cumplir con su misión. ¿Por qué tendrías envidia de que otra persona tenga un arado, si él es granjero y tú eres contador? ¿Desde cuándo un contador necesita un arado? Quizá este ejemplo parezca un poco grotesco, pero cuando miramos la envidia y los celos desde un par de ojos espirituales, nos daremos cuenta de que éstas son una emoción verdaderamente ridícula.

Fíjate en tus puntos buenos. Son las herramientas que traes dentro de tu mochila. Cada una es como la parte que conforma un rompecabezas; hasta que las unas todas, podrás ver una clara imagen de lo que quieres lograr. Cuando ya hayas "sumado" tus puntos buenos, podrás ver cómo el Creador te guiará cuidadosamente por tu propio camino. Una vez que lo veas, llegarás directamente a un espacio lleno de felicidad y autorrealización. ¡Ya va siendo hora de que comiences a conocer a tu maravilloso "yo"!

Como dijimos, cada uno de nosotros tiene su propia "mochila", igual que como tenemos nuestro propio par de zapatos. Nadie piensa en pedir prestados los zapatos de otra persona, ya que cada par de zapatos tiene la horma perfecta para el contorno de cada pie. De hecho, si alguien calza nuestro mismo número, sus zapatos serán incómodos al momento de que los usemos. Por este motivo, nos sentimos más cómodos cuando cargamos nuestra propia mochila. ¡No intentes cargar la de otros!

Nunca te compares a los demás. No te hagas las preguntas que te roban la confianza en ti mismo, tu autoestima y tu paz interior, tales como: "¿Por qué yo no puedo ser tan exitoso como John Doe? ¿Por qué Tony Ploni es más popular que yo? ¿Por qué mi cuñada es tan limpia y ordenada?"

Mejor hazte una sola pregunta: "¿Cuál es la misión que Dios quiere que yo cumpla?" Tan pronto conozcas la respuesta, te sentirás realmente feliz.

Encontrando la respuesta

La mejor manera de descubrirte a ti mismo y reconocer tus talentos especiales para que encuentres tu único camino en la vida, es reservar un tiempo para rezar de manera personal.

En español, la palabra "oración" tiene la misma connotación de súplica o petición, como en las plegarias que ya tenemos prescritas en nuestros libros de rezo. En hebreo, "orar" se refiere a interactuar con el Creador del Universo. Sin embargo, si le añadimos el adjetivo "personal", el resultado será una "oración personal" que dará muestra de cómo cada persona puede interactuar personalmente con su Creador para poder comunicarse con Él. La oración diaria y personal es para el alma lo que los nutrientes son para el cuerpo.

A través del diálogo personal con Dios, la oración individual reflejará nuestros sentimientos y estado de ánimo. La ganancia adicional será la visión que tendremos de nosotros mismos cuando compartamos nuestros pensamientos más íntimos con el Creador y los verbalicemos. Éste sólo es un regalo de un Padre Celestial amoroso, Quien obtiene una enorme gratificación cada vez que alguno de Sus hijos e hijas Le habla con el corazón y busca Su cercanía.

La oración personal es una oportunidad diaria para expresar realmente nuestra individualidad como seres humanos. Cada uno de nosotros puede hablar con el Creador a nivel personal, sin necesidad de acudir a una casa de culto o a un libro de oraciones en particular. Hablas a tu manera, con tus propias palabras, en tu lengua materna, tal como lo harías con un padre amoroso o con tu mejor amigo. No es necesario pertenecer a ningún grupo religioso en especial. Como hijo único del Creador, tienes el privilegio de hablar con Él donde y cuando quieras.

Cuéntale a Dios tus problemas y pretensiones. Él estará feliz de guiarte por tu propio camino, el cual te llevará a cumplir con tu misión particular en el mundo. Además, el consejo de un guía de vida honesto o psicólogo también te facilitará el poder cumplir con este concepto, tal como veremos a continuación en este mismo capítulo.

Las palabras de una oración personal no están escritas en ninguna parte, sino en cada rincón de tu corazón. No existe mayor manifestación de nuestra propia individualidad. Por consiguiente, la oración personal es aceptada por Dios de inmediato porque está dicha con buena intención y sinceridad.

Al respecto, hay un hermoso concepto que podemos agregar a la oración personal. Supongamos que reservas un tiempo diario para tu encuentro íntimo con el Creador y las palabras no te salen como esperabas; de pronto te quedas sin habla y no sabes qué decir. ¡No hay problema! Exprésate por medio de tu guitarra, tu flauta, tu piano, tu violín, o cualquier instrumento que toques. Si no tocas un instrumento musical, canta una canción que te inspire. Pronto sentirás un entusiasmo en tu corazón que derribará cualquier obstáculo que te impida hablar; las palabras pronto fluirán. Como puedes ver, el camino de la oración personal no es el camino trillado de las masas. ¡Construye tu propio camino reparador en la montaña!

De hecho, no sólo la oración personal difiere entre persona y persona, sino que cambia día con día.

Nos esforzamos por crecer todo el tiempo, tanto a nivel espiritual como emocional, pues ya no somos los mismos que éramos ayer. Y no sólo eso, es que el mundo que nos rodea cambió desde ayer. Cada día trae nuevas situaciones, nuevos retos y, a veces, nuevas metas.

También debemos observarnos a nosotros mismos cada día para verificar que estamos en el camino correcto. La oración personal nos ayuda a aclarar las cosas y a evaluarnos, además de que nos mantiene en el camino correcto. Por eso es que la oración personal diaria es tan importante.

La lección de la vía de ferrocarril

Nuestra misión de vida puede compararse a una vía de ferrocarril: Una persona que está haciendo lo correcto, está "dentro del carril", mientras que alguien que se ha desviado por la tangente, ya sea perdiendo el tiempo o incursionando en asuntos sin importancia, está "fuera del carril".

El tren de Nueva York a Washington tiene su propia vía. Si de alguna manera comenzara a dirigirse hacia el Sur en la vía que está destinada para el tren que va de Atlanta a Boston en dirección Norte, habría un desastre. De la misma manera, tan pronto como alguno de nosotros —en la vida diaria— intentara atravesar un camino que no es el nuestro, no sólo fracasaremos en llegar a nuestro propio destino para alcanzar nuestra propia meta, sino que en realidad no podremos cumplir la misión de otra persona.

En resumen, nos desviamos del camino o nos perdemos por completo y sufrimos todo tipo de accidentes en la vida —emocionales, espirituales e, incluso, físicos. Esta es otra razón más para no sentir envidia ni compararnos con ninguna otra persona.

Debemos abstenernos de la gran injusticia de comparar a nuestros cónyuges con los de otras personas, o comparar a nuestros hijos con los hijos de otras personas o, incluso, comparar a nuestros hijos entre sí. Tales comparaciones son destructivas. Los padres deben recordar que así como cada uno de ellos tiene una misión individual en el mundo, cada uno de sus hijos también tiene su propia misión personal. Las comparaciones con otros son, por lo tanto, crueles, injustas y contraproducentes.

Nunca intentes "saltarte las vías" para seguir el camino de otra persona. Como señalamos anteriormente, si alguno nació con una vista débil, entonces no estaba destinado a volar un F16; ser piloto de combate definitivamente no será su misión en la vida. Así que ¿por qué envidiar a una persona con una visión de 20/20? Varios músicos de fama mundial fueron ciegos, sordos, o estuvieron lisiados. Sin embargo, sus discapacidades no les impidieron en lo más mínimo poder llevar a cabo su misión de vida.

Por eso, no te desmoralices cuando pienses que te faltan talentos y destrezas, pero tampoco sueñes con ser alguien más. Concéntrate en tu propia inteligencia y en tus aptitudes sin compararte con nadie más. Dirige tu energía para hacer lo mejor que puedas con las herramientas que ahora tienes a tu disposición en tu propia mochila, ¡y seguramente tendrás éxito!

¡Que nada te desanime!

El camino correcto casi nunca es el más fácil, así que no te desanimes si debes enfrentarte a varias dificultades.

En un ejército victorioso, cada soldado ha tenido un entrenamiento especial para realizar sus tareas a futuro. Por ejemplo, no basta con enseñarle a un piloto a pilotear un avión. Para ser un buen piloto, también debe aprender capacidades físicas, navegación, aerodinámica, meteorología, reglamento de armas y paracaidismo, sólo por nombrar algunas. Un piloto en formación no se queja si lo envían solo al frente durante siete días en el desierto, porque sabe que el entrenamiento de supervivencia podría salvarle la vida en el futuro. No se angustia ni se deprime por tener que andar a pie en un terreno difícil; tampoco se queja: "Oye, soy piloto, ¿para qué necesito hacer estos extenuantes ejercicios en tierra?" Sabe que todo a lo largo de su formación se estará capacitando para alcanzar su máximo éxito y beneficio.

De igual manera, el Creador construye un camino especial para cada uno de nosotros, y para ello nos regala la experiencia necesaria con el fin de que podamos hacer nuestro trabajo y apliquemos nuestros talentos. Cada prueba tal vez sea una agonía, pero es sólo otro trampolín para fortalecernos y ayudarnos a llegar exitosamente a nuestra meta. Sabiendo que todo esto es parte del camino de la vida, y está hecho a la medida que el Creador traza para cada uno de nosotros, no hay lugar para la tristeza o la angustia. Con esto en mente, nunca nos perderemos y siempre encontraremos nuestro camino. Eso significa que sabemos hacia dónde dirigir nuestra vida, de tal manera que nos convertiremos en personas mucho más eficientes, hagamos lo que hagamos.

¡Rompe la botella!

Seguramente te habrás preguntado alguna vez: "¿Por qué no llego a la cumbre de la montaña de mi vida personal? ¿Por qué nunca logro un progreso ascendente?" Mucha gente parece estar detenida, es decir, que en el mejor de los casos continúan "sin moverse" de su zona de confort. Para ellos, el hecho de sólo mantenerse "a flote", ya es un logro.

¿Quién quiere una vida donde, simplemente, se mantenga uno a flote? No conozco a mucha gente así. Todos sueñan con llegar a la cima, pero muy pocos lo logran. ¿Por qué? Porque parecen estar atrapados dentro de una botella. Se esfuerzan, se apresuran e, incluso, pueden hacer mucho ruido en el proceso, pero no llegan a ninguna parte. ¿Por qué? Simplemente, están corriendo dentro de la botella...

En tus años de estudiante, tal vez muchos te etiquetaron. De hecho, pusieron las etiquetas en la botella y la cerraron, dejándote dentro. Cuando eras joven, tu subconsciente se creyó lo que tus padres, tus maestros y tus amigos te decían.

Cuando te viste atrapado dentro de la botella con una etiqueta marcada con la palabra "tonto", "cobarde", "flojo", "feo", "desorganizado", "perdedor", tú realmente pensaste que eras tonto, cobarde, flojo, feo, desorganizado y perdedor… sentías que fallaste.

Como estabas atrapado dentro de una botella, nunca pudiste actuar en la obra escolar. ¿Por qué? Tal vez a los siete años, tu mamá te pidió sacar la basura, pero se te olvidó. Ella te llamó "tonto" y recalcó que tu memoria era terrible. Supuso que, si no eras capaz de recordar una pequeña tarea, ¿cómo podrías aprender y recordar un guion completo para la obra escolar? Quizá alguna vez quisiste aprender karate, pero nunca lo hiciste porque cuando cumpliste nueve años dejaste de pelear con ese bravucón de once, que era mucho más grande que tú. Entonces, tu papá te llamó "cobarde".

Por estar atrapado en la botella, nunca pudiste sacar buenas calificaciones en la escuela. Si no tenías ganas de lavar los platos sucios o trapear, tu madre te gritaba "¡flojo!". Si te matabas estudiando para el examen de matemáticas —que muy pocos compañeros podían aprobar— y sacaste un 7, tu padre te amonestó llamándote "retrasado".

Y cuando la niña o el niño más popular de la clase te hacían un desaire, en verdad te sentías poca cosa.

Pero eso ya pertenece al pasado… Hoy decidimos *alcanzar nuestra cima* sabiendo que contamos con las herramientas para lograrlo. Así que desempolvemos la mente de todas esas falsas etiquetas que nos confinan, nos restringen y nos impiden salir adelante.

Nadie podrá escalar su propia montaña si sigue atrapado dentro de la botella. Peor aún, cuanto más tiempo estemos atrapados dentro de la botella, más aceptaremos su forma, tal como las raíces de una planta adoptan la forma de la maceta en la que crece. Pero en una botella no hay espacio para crecer. Por lo tanto, debemos romperla y salir de inmediato, bajo la premisa de iniciar nuestro crecimiento personal.

Supongamos que alguien te llamó "cobarde", pues ahora te voy a comprobar que no lo eres. Piensa en algo que crees con todo tu corazón; puede ser un sueño que hará que tu vida valga la pena. ¡Eso es tener valor! Está ahí, dentro de ti, pero no lo podrás sentir mientras sigas viviendo dentro de la botella.

Supongamos que alguien te dice que eres muy feo. ¡Está ciego! Dios hizo a cada criatura con su propia belleza interior. Tú no podrás ver tu propia belleza mientras sigas atrapado en esa botella, y las botellas distorsionan las imágenes.

Adaptarte a lo que hacen o dicen tus amigos es el peor tipo de botella, pues no te dejarán crecer. En realidad, tampoco quieren que llegues a la cima. La pura verdad es que el Creador nos ha diseñado de una forma especial para que podamos cumplir con nuestra misión en el mundo.

Un tractor no sentiría envidia de los asientos de piel de un Ferrari, y obviamente un Ferrari no se encelaría de las enormes ruedas del tractor. ¿Por qué? Cada uno tiene su propia tarea que realizar. Claro, el Ferrari es más bonito que el tractor, pero éste no puede arar un campo.

Romper la botella y poder salir de ahí significa que algo estamos haciendo bien, que nos estamos evaluando coherentemente; valoramos nuestras fortalezas y debilidades. Cuanto más lleguemos a conocernos a nosotros mismos, estaremos menos condicionados a quedarnos atrapados dentro de la botella. Una vez que logremos salir de ella, ahora sí podemos iniciar nuestra escalada por la montaña.

Un guía de vida

Detrás de cada atleta ganador, hay un entrenador que también es ganador.

Incluso los mejores soldados utilizan exploradores locales para abrirse camino en terrenos extraños. Confiar en alguien que pueda guiarlos entre los peligros y las trampas de un lugar desconocido puede salvarles la vida y evitar errores costosos.

Mucha gente utiliza el término "guía espiritual", mientras otros lo llaman "Coach" o "entrenador de vida". A mí me gusta el término "guía de vida", una síntesis de ambos.

Como complemento de nuestra propia autoevaluación y oración personal, contar con el apoyo de un guía de vida honesto y objetivo, que puede ser un psicólogo, no sólo significa tener una caja llena de herramientas para poner en práctica nuestras ideas, sino que puede evitar que cometamos errores costosos e innecesarios, incluido el vértigo espiritual y emocional.

Vértigo es un término utilizado por los pilotos para describir la desorientación espacial. Cuando un piloto se acerca a la barrera del sonido, pueden ocurrir cosas extrañas, especialmente en un vuelo sobre el agua en un día despejado. El piloto puede desorientarse y confundir el azul del mar con el azul del cielo, y viceversa. Algunos pilotos se marean y otros se alegran; en cualquier caso, el vértigo provoca desorientación, por lo que el piloto piensa que arriba es abajo y abajo es arriba.

Actualmente, los pilotos comerciales se someten a un entrenamiento muy estricto para prevenir el vértigo. Aprenden a confiar en su aviónica, es decir, la disciplina de técnicas aéreas cuyos sofisticados instrumentos de vuelo muestran al piloto el rumbo, la velocidad, la altitud y la posición del eje del avión en relación con la tierra, incluida una pantalla que presenta un horizonte artificial para no confiar en su propio juicio. De esa manera, un piloto puede saber si está "arriba" o "abajo". Por lo tanto, la fe inquebrantable de un piloto en su panel de instrumentos, es vital para su supervivencia.

Mucha gente experimenta vértigo emocional, lo que les provoca no saber, a veces, si están arriba o abajo. Son testarudos y confían en su propio juicio, por lo que cometen serios errores en la vida, aunque después necesiten de muchos años para remediarlos.

Algunos errores son como las celdas de una prisión que nos mantienen encerrados, por lo que necesitamos de alguien que nos entregue la "llave" que nos permita salir en libertad. Ahí es donde entra un guía de vida: una persona confiable, informada y honesta que puede mantener a cualquiera en equilibrio y en el camino del éxito.

Si aún no tienes un guía de vida, mantén los ojos abiertos para que puedas encontrar a esa persona inteligente, modesta, sabia, con fe, carácter impecable y altruista.

Si tienes acceso a alguien así y confías en su buen juicio, ¡agárrate de ella! Lo más probable es que hayas encontrado a la persona adecuada.

En este mundo tan confuso, cualquiera podría sentirse totalmente desubicado —literalmente loco— si no tiene un guía de vida. Puede seguir errando por todos los distintos caminos que lo conducen a la desgracia, la frustración y el peligro. ¡Eso es lo que provoca el vértigo espiritual!

En caso de que alguna vez hayas volado un avión, sabrás que debes mantener la vista sobre el panel de control en todo momento para evitar el vértigo.

De igual manera, cuando vayamos "volando" por la vida, debemos mantener los ojos y los oídos bien abiertos para encontrar un guía de vida que nos ayude a evitar la confusión espiritual, ya que de otra forma podríamos andar por el camino equivocado y provocar un "aterrizaje forzoso".

Encontrando tu propio camino en la vida

Resumamos este capítulo con algunas sugerencias prácticas que nos ayudarán a encontrarnos a nosotros mismos y a encontrar nuestro camino en la vida.

Nunca olvides que Dios crea a todos y cada una de Sus criaturas con un rasgo único y personal, *y tú no eres la excepción*. Las habilidades y talentos individuales que Él te dio te permitirán cumplir con esa misión tan especial y particular que tienes en este mundo. Incluso, tus aparentes desventajas pueden ser ventajas, ya que están diseñadas para canalizarte por el camino correcto hacia tu propia cima personal.

Si no estás satisfecho con la suerte que te tocó, seguramente no has aprovechado tus propios recursos y, por ende, aún no estás cumpliendo la misión para la que fuiste creado. Así que no culpes a los demás. ¡Ve por tu sueño!

Si tienes el talento para desarrollar una cura para el cáncer, no serás feliz como cajero en una farmacia. En cambio, si Dios te dio una mente brillante, estás desperdiciando tu potencial frente a una pantalla de televisión.

Espera y ve cómo mejora tu vida una vez que comiences a cultivar tus propios recursos. Serás mucho más feliz contigo mismo y te sentirás en paz con el mundo que te rodea. Y a otros también les gustarás mucho más.

Hasta que no hayas encontrado esos talentos y cualidades especiales que te distinguen de todos los demás, no habrás comenzado a vivir una vida verdaderamente satisfactoria.

El Creador provee a cada ser humano, por lo menos, con una cualidad sobresaliente, pero a veces no la desarrollamos porque no la conocemos, como si fuera un diamante sin pulir, escondido en lo más profundo de una mina en Sudáfrica.

No obstante, a diferencia de la mina, no tienes que viajar a los lugares más secretos del mundo para descubrirte dentro de ese diamante sin pulir.

Si sigues los consejos de este libro, puedes comenzar ahora mismo.

La tabla de evaluación personal

Para tu comodidad, te presento una tabla de evaluación personal para que puedas llenarla.

Te ayudará a familiarizarte más contigo mismo, convirtiéndose en una importante herramienta que te ayudará encontrar tu camino en la vida.

Úsala de la siguiente manera:

1. Busca tus puntos buenos y anótalos en la columna de "talentos", haciendo una lista de tus cualidades particulares o habilidades. Éstas te mostrarán cómo sacar lo mejor de ti.

2. Divide tus puntos débiles en dos categorías: Primero, aquellos que puedes

controlar y, segundo, los que no puedes controlar.

Talentos	Fallas que puedo controlar	Fallas que no puedo controlar

Sigamos por este sencillo camino hacia la autorrealización: haz lo posible por enfocar tu atención en mejorar las debilidades que puedes controlar y, al mismo tiempo, ten cuidado de no confundir las fallas que no controlas con aquellas que sí puedes controlar, para que puedas superarlas y dedicarles un trabajo comprometido.

No olvides que aquello que no puedes controlar en realidad no son fallas, sino "focos rojos" que te mostrarán cuáles son los caminos que a ti no te pertenecen. Más importante aún, aprovecha al máximo tus fortalezas y asegúrate de comenzar a trabajarlas.

El camino que mejor te permita poner en práctica tus habilidades, será el que te llevará a tu cima. ¡Estamos listos para escalar!

Día Cuatro

La escalada... Enfócate en tu meta

Ya que sabemos quiénes somos, podemos saber dónde estamos. Ahora podremos decidir dónde queremos llegar. Identifica qué camino quieres tomar e inicia tu escalada hacia la cima. Conforme vayas subiendo, conocerás la importancia de prepararte antes de iniciar tu ascenso en la montaña de tu vida.

Todos nuestros hechos son parecidos a escalar una montaña: siempre tenemos que comenzar desde abajo y esforzarnos para llegar a lo más alto.

Tal vez hayas escuchado de algunas personas cuyos inicios estuvieron muy cerca de la cima, ya que nacieron en circunstancias y ventajas que fueron especiales, pero no los envidies. Recuerda que sólo quienes empezaron desde abajo y se abrieron camino, son aquellos que tienen un carácter tenaz y que hoy se sienten verdaderamente satisfechos. Todos respetamos a todo aquel que se ha forjado un camino por sí mismo, pero muy pocos respetan a quien nació con la "cuchara de plata en la boca".

Al pie de la montaña, nuestra vista es limitada, pero conforme vayamos subiendo, más impresionante será el paisaje. Sin embargo, el placer tiene un precio. Los seres humanos tenemos un rasgo arraigado, a saber: no valoramos lo que tenemos a menos que trabajemos para lograrlo. El camino a nuestra cima no será nada fácil, no importa cuál sea nuestro objetivo o nuestro destino. Sin embargo, el ascenso —el esfuerzo por alcanzar el objetivo que nos hemos fijado— es nuestra única prioridad, ya que nos fortalece y forma nuestro carácter. La satisfacción de haber logrado una meta derivada del esfuerzo realizado, es algo que el dinero no puede comprar.

La sociedad moderna nos engaña para que creamos que lo fácil es lo mejor, ya que los medios publicitarios nos incitan a consumir artículos de manera rápida y nos "lavan el cerebro" asegurándonos que sólo comprando encontraremos la plena satisfacción. Permítanme decirles que sí, lo han logrado extraordinariamente, sin importarles que la salud de toda una generación esté sufriendo porque nos han acostumbrado a ingerir alimentos procesados y comida chatarra. Muchos jóvenes ni siquiera saben lo que significa cortar un tomate o desmenuzar una lechuga.

Supongamos que la tecnología de punta encontrara la manera de construir un elevador que llegara hasta la cima del Monte Rainiero. Alcanzar su punto máximo ya no sería un logro. Pero no sólo eso: al llegar a la cima en un elevador, no ganaremos el título de "alpinista", ni tampoco fortaleceremos nuestro carácter, ni obtendremos ninguna recompensa ni satisfacción por ello.

Mientras más alto subamos y más empinado esté el camino, más debemos esforzarnos. Nuestras piernas y músculos se tensarán. A pesar de estar bien ejercitados, el cuerpo nos dolerá y los pulmones nos arderán. Sin embargo, seguiremos escalando, incluso, aunque nuestro cuerpo nos grite: "¡Basta!"

¿Qué nos da esa fuerza?

Cuando el cuerpo se rinde, nuestra fuerza de voluntad entra en acción. No existe un solo maratonista o alpinista que alcance la cima o la línea de meta sólo por su fuerza física. Quienes tienen la ferviente voluntad de triunfar, a menudo superan a aquellos cuya capacidad física es superior. Esta regla se aplica, no sólo al escalar una montaña, sino ante cualquier esfuerzo que tengamos que hacer en la vida. ¡Tómalo en cuenta y alcanzarás tu propia cima!

El verdadero progreso

El compañero de la recompensa inmediata es el avance inmediato. Un viejo proverbio dice así: "Lo que fácil viene, fácil se va". Si crees que tu ascenso a la cima es fácil, algo anda mal.

El folklore checoslovaco tiene un antihéroe llamado Shveyk. Es el tipo al que todo le sale mal. Shveyk es enviado al campo de batalla para enfrentarse al enemigo, pero en poco tiempo regresa, asegurando: "¡Ganamos! ¡Capturé Hill 131 sin la ayuda de nadie!".

—¡Qué tonto eres! —le gritó su comandante. —Hill 131 ya estaba en nuestras manos. ¡Los soldados que mataste eran de nuestro propio bando!

Ninguna victoria es fácil. Escalar es extenuante y tedioso. La verdadera satisfacción de tu escalada es hacerla paso a paso, centímetro a centímetro. El verdadero progreso —sea intelectual, físico o espiritual— es gradual y con medida.

Supongamos que un alumno no estudió lo suficiente durante todo el semestre y luego, una semana antes de los exámenes finales, comienza a preocuparse y se queda despierto, estudiando toda la noche. Si es lo suficientemente listo, aprobará los exámenes, pero no aprenderá nada. Las leyes de retención mental nos enseñan que cuanto más aprendemos y repasamos, más retenemos. Por consiguiente, el verdadero aprendizaje lleva tiempo.

La misma regla aplica para el físico culturismo. Una persona puede hacer ejercicio hasta agotarse y lograr que la sangre llegue a sus bíceps y tríceps, e incluso en poco tiempo podría convertirse en Míster América. Pero una hora después del concurso, habrá vuelto a flaquear. Lo que es peor, si intenta levantar pesas demasiado rápido, dilatará tanto sus músculos, que sufrirá lesiones. Entonces, al igual que con el aprendizaje, el acondicionamiento físico adecuado debe ser lento y constante. Nadie adquiere una buena forma física de la noche a la mañana.

Tómate tu tiempo para escalar, no importa el camino que elijas. ¿Recuerdas la fábula de Esopo sobre la tortuga y la liebre? Las personas que progresan a la velocidad de la liebre, generalmente no brillan con luz propia. Sin embargo, quienes ascienden lento, pero constante, eventualmente llegarán a la cima. En el transcurso de tu vida, no importa si logras tu objetivo antes de lo esperado; lo importante es que subas de manera constante hasta que finalmente llegues a la cima.

Mientras escalamos hacia la cima, será normal sentir todo tipo de dolores, a la vez de enfrentar obstáculos y dificultades, pero conforme vayamos subiendo, la vista será cada vez más espectacular. ¡El esfuerzo habrá valido la pena!

Por ello, debemos tener presentes cuatro puntos que serán importantes durante la escalada:

1. **La vida es corta** — No tenemos tiempo que perder en cuestiones frívolas e

inconsecuentes. En otras palabras, en aquellas cosas que no tienen que ver en absoluto con nuestra llegada a la meta.

2. **No pierdas tu foco de atención** — Muchas cosas pueden distraernos, así que no queremos despertar una mañana y encontrarnos en la dirección equivocada.

3. **No permitas que el dolor te desanime** — cada recompensa viene acompañada de dolor; el sufrimiento fortalece el carácter, de tal manera que no hay posibilidad de llegar a la cima sin dolor.

4. **No dejes que otros te desalienten** — sé fuerte y honesto contigo mismo y lucha por tu meta a costa de todo.

¡Manos a la obra!

La vida es corta -¡no pierdas el tiempo!

Quienes luchan por alcanzar sus metas son las personas más felices. Y quienes viven con alegría se pueden conectar más fácilmente con su Creador. El Instinto del Mal no quiere verte feliz, y ciertamente no desea que te conectes con el Creador. Por lo tanto, él hace todo lo que esté a su alcance para prevenir que llegues a tu meta, como lo veremos en la siguiente historia, que está basada en el terapeuta espiritual del Siglo 18, Rabí Najman de Breslev.

Imagina este escenario: Es casi la una de la tarde, víspera de una fiesta: te encuentras en un mercado bullicioso, donde toda la gente se apresura para prepararse para el gran día.

Más de una docena de mujeres vociferan alrededor del vendedor de pescado, cada una intentando adquirir la pieza más fresca para su cena. El pescador y su ayudante apenas se dan abasto mientras intentan limpiar, pesar el pescado y lidiar con las clientas que hablan al mismo tiempo y exigen ser atendidas de prisa. Justo en el caos de esa hora, un extraño pasa corriendo por el puesto y agita uno de sus puños, fuertemente cerrado, como si tuviera un diamante en la mano. Les grita a todos: "¡Pongan atención, a que nadie sabe lo que tengo en la mano, y nadie lo sabrá nunca, porque no se los mostraré!" Luego huye.

El ayudante de la pescadería arroja su cuchillo y sale corriendo para seguir al extraño. "¡Oiga señor, deténgase! ¡Tiene que mostrarme lo que tiene!". Las damas también tienen curiosidad, y comienzan a correr detrás del ayudante. El pobre pescador, desesperado, también va detrás de su ayudante y de las damas. ¡Qué desastre! Ya no sabe quién pagó y quién no, y de quién era el pescado que estaba limpiando; la fiesta está a solo unas horas de comenzar...

El extraño cruza a toda prisa por el puesto del carnicero. Allí, unas veinte mujeres esperan en fila, viendo cómo el carnicero arranca las plumas de los pollos recién sacrificados. ¡Qué cosa! Pollos graznando, plumas volando y dos docenas de damas discutiendo sobre quién sigue en la fila. El carnicero trata valientemente de complacer a todas cortando sus pollos como los pidieron, mientras que su cuchillo vuela mucho más rápido de lo que cualquier ojo puede seguir. Ahora, en medio de todo el pandemonio de la carnicería, en plena víspera de fiesta, el extraño les grita a todos: "¡Escuchen, nadie sabe lo que tengo en mi mano, y nadie lo sabrá nunca, porque no se los mostraré!". Luego escapa por la última acera del mercado, que da a la calle principal.

Con un pollo medio emplumado y flácido en la mano, el ayudante del carnicero abandona su puesto para salir corriendo detrás del extraño, mientras grita: "¡Oiga señor, espere un minuto! ¡Enséñeme lo que tiene en la mano!". Las mujeres también tienen curiosidad, por lo que corren detrás de éste.

¡Qué alboroto! El extraño —ahora seguido por el ayudante del pescadero, el ayudante del carnicero, más de cincuenta mujeres que jalan de la mano a sus niños y gritan, perros y gatos que se unen a la multitud—, los mira por encima del hombro y se burla de ellos con una carcajada maliciosa: "¡Nunca sabrán lo que tengo en mi mano!".

De pronto, los fruteros y sus clientes, los comerciantes, los panaderos, los fabricantes de velas… todos corren detrás del extraño. Casi todo el pueblo, que conforma más de mil personas, jadea y se apresura, tratando de alcanzar a aquel extraño tan veloz.

El extraño mira una vez más por encima del hombro y ríe con un gesto de satisfacción, pero a la vez sádico y siniestro. Ha hecho un excelente trabajo; ni una sola persona en el mercado recuerda lo que debería estar haciendo: prepararse para las fiestas. Nadie recuerda que sólo les quedan cinco horas para hornear el pan y las galletas, cocinar el pescado y el pollo, y limpiar la casa antes de que comience la festividad. El mercado queda vacío y desatendido. La gente del pueblo se alborota.

Inesperadamente, el extraño se detiene en seco, se da la vuelta y se enfrenta a la multitud. "¡Ahora sí puedo mostrarles lo que tengo en la mano!". Abre el puño y les muestra una mano vacía. "¡Todos cayeron en mi broma! ¡Qué tontos son!". Regodeándose por haber logrado su cometido, desaparece como mago...

* * * * *

Probablemente puedas identificar al extraño que causó todo el caos en el cuento de Rabí Najman: ¡No era otro que el Instinto del Mal! (el *yétzer hará*). Pero, ¿sabes? aún se encuentra entre nosotros, intentando convencernos de que tiene algo valioso en la mano vacía, tratando de desviar nuestra atención de la misión principal que tenemos en la vida, mientras nos tienta para que perdamos el tiempo persiguiendo cosas que no tienen absolutamente ninguna importancia.

Hoy en día, el Instinto del Mal—, intelectualmente devastador y espiritualmente vacío— se apropia de todas las redes sociales, de los foros virtuales, de los juegos de video y de muchos otros distractores que nos quitan el tiempo y nos dejan con las manos vacías.

Pregúntate cuánto tiempo pasas navegando en la red sin ningún objetivo, brincando de liga en liga, como si fueras una pequeña bolita de metal en la máquina de "pinball". ¿Una hora? ¿45 minutos si realmente te has limitado? ¿Cuántas horas al día dedicas a clavar los ojos en tu teléfono inteligente, WhatsApp, mensajes y correos? Incluso, aunque no te hayas quedado jorobado por la mala postura, no estás pudiendo cumplir ni siquiera con una fracción de lo que realmente quieres o necesitas hacer cada día. El tiempo parece irse como agua entre tus dedos…

Si una persona camina más de cinco kilómetros —el mismo tiempo que pierde cuando navega sin rumbo fijo en el Internet— no sólo estaría favoreciendo a su corazón, a sus pulmones y a su cuerpo, sino que estaría quemando alrededor de 350 calorías, lo cual significa que, en veinte días, hubiera perdido un kilo sin tener que cambiar sus hábitos alimenticios o hacer dieta. Si camina una hora diaria durante los próximos seis meses, en lugar de navegar en las redes sociales, estaría perdiendo ¡la fabulosa cantidad de 9 kilos! Se vería espectacular y se sentiría increíble. En cambio, ¿qué ganaría después de casi seis meses de estar en Facebook, Twitter y Chats? ¡Absolutamente nada!

Desde este momento, dejemos de correr detrás del tipo que nos engaña con la mano vacía. Si lo deseamos, podemos hacerlo. ¡Enfócate en utilizar la mejor arma contra todos los distractores!

Concéntrate en tu meta: rompe los ladrillos

¿Alguna vez te has preguntado cómo un pequeño karateca japonés de 40 kilos, puede romper un montón de ladrillos de un solo golpe? La respuesta es el ejemplo de nuestro amigo "Kim Wong", quien se concentra extremadamente en su objetivo y no piensa en otra cosa más que en lograr su meta, ya que no tiene otra cosa en mente por el momento. Su poder de concentración es inmenso, además de ser muy optimista. De hecho, ha invertido muchos años entrenando y se ha preparado para sobresalir en este deporte. Definitivamente, esto no lo aprendió viendo una película de YouTube.

Si metemos su mano en una máquina de Rayos X, veremos que sus huesos son más grandes y anchos de lo normal. Esto se debe a su intenso entrenamiento diario, así como a la dieta sana a la que se ha acostumbrado.

Kim Wong se hubiera roto la mano y la muñeca al intentar romper un ladrillo por primera vez, pero logró su "golpe perfecto" porque siempre se ha propuesto alcanzar sus objetivos de largo plazo, poniendo en ello todo su empeño, autodisciplina y concentración.

¡Hay mucho que aprender de cómo Kim Wong rompe los ladrillos!

Si tú también deseas alcanzar tu objetivo, no te lamentes por lo que sucedió antes y no te preocupes por lo que te depara el futuro. El ayer ya pasó y el futuro aún no ha llegado. Quienes se lamentan por el pasado y se preocupan por el futuro no pueden enfocarse en el presente, de tal manera que no serán personas efectivas y obviamente no tendrán éxito en lo que hagan.

Como cualquier otro esfuerzo que debamos hacer, "escalar" la montaña —es decir, caminar hacia tu meta— requiere de una inmensa concentración. La falta de atención no sólo aplaza el éxito, sino que también puede ser peligrosa. Por lo tanto, "enfocarse" es el secreto para triunfar, esforzándote en las cosas materiales, así como en las espirituales.

Todo depende del enfoque que pongas en la meta que tienes entre manos. Tu concentración, dedicación y orientación hacia las metas que te propongas, pueden hacer de ti una persona ejemplar, incluso rompiendo ladrillos.

Ahora conozcamos a "Richard"; quizá te recuerde a alguien que conoces:

Mientras estudiaba la secundaria, Richard se preguntó: "¿Para qué esforzarme tanto?". Caminaba con un MP3 pegado al oído, pasaba largas horas enviando mensajes de texto a sus amigos y se alimentaba de comida chatarra. Aunque tenía un excelente profesor de matemáticas, soñaba despierto durante la clase. "No me importa", se decía a sí mismo, "sé lo suficiente para pasar de año. Cuando llegue a la preparatoria, me aplicaré".

Sin embargo, la preparatoria se convirtió en un tema de mayor aburrición para Richard. Mensajeaba con sus amigos durante las clases, pensando: "No pasa nada… la universidad no será tan difícil. Sé lo suficiente para aprobar los exámenes y obtener un título. Me "pondré las pilas" cuando empiece mi carrera".

De alguna manera, Richard logró pasar la universidad buscando las respuestas en Google, así como "cortando" y "pegando" los textos de sus trabajos finales en la computadora. Prefirió pasársela bien durante todo el semestre, por lo que copiaba los resúmenes de sus compañeros y se desvelaba estudiando un par de noches antes del examen final. De hecho, su universidad no le exigía aprender; sólo memorizar. Richard decidió que una vez que se iniciara en el mundo laboral, realmente empezaría a trabajar.

Como no estaba preparado ni tenía la motivación para hacer nada, aceptó el primer trabajo que encontró. Nunca se sentía feliz;

pensaba siempre que el siguiente empleo sería mejor que el anterior. Entonces sí se pondría a trabajar con seriedad…

Su apatía, pereza y falta de concentración terminaron con su matrimonio. Su esposa no aguantó y discutían todo el tiempo. Su relación duró sólo cinco meses.

Sin embargo, su segunda esposa parecía ser la pareja perfecta, ya que también postergaba todo para el último momento y, como él, era muy inestable. Ella se pasaba todo el día metida en el Facebook. El miércoles por la noche, los platos del domingo seguían esperando en el fregadero. Envolturas de chocolates se veían regados por el piso junto con botellas vacías de Coca-Cola.

Ahora Richard sigue soñando que su tercera esposa podrá mantener una casa más ordenada…

Él no sería capaz de romper un ladrillo ni en un millón de años. Obviamente creemos que es un perdedor, ¿verdad? ¿A quién te recuerda?

Cuántas veces decimos: "¡No me importa el mañana; tengo el hoy para disfrutarlo!" Nada más lejos de la verdad, porque lo que no es constante, no dura mucho. Y aquello que no perdura, no trae la felicidad verdadera. No hay mayor alegría que escalar –luchar por nuestra meta—porque los logros perduran para siempre.

¡Nadie te puede robar la inmensa alegría de haber logrado tu misión y haber llegado a la meta personal que te trazaste!

Dolor y recompensa

Antes de hablar de dolor —una parte importante e integral en toda escalada—, debemos reforzar nuestro deseo de llegar a lo más alto, ya que el deseo y la voluntad nos permiten sobrellevar el dolor.

Hemos hablado en los capítulos anteriores sobre la voluntad y el deseo, pero debemos subrayar la importancia que el deseo tiene en nuestra vida. El deseo es la herramienta más importante para poder llegar a nuestra meta.

El deseo es un regalo de Dios: llena de energía nuestra máquina espiritual y emocional, nos motiva y nos da la fuerza para llevar a cabo una escalada difícil que nos conducirá hasta la cima de la montaña de la vida, que es nuestro destino final.

Supongamos que vas caminando por un hermoso valle y llegas a las faldas de una montaña. Seguramente has escuchado de otras personas que lograron subir a lo más alto del pico y de la increíble sensación que experimentaron al ver el paisaje desde las alturas, pero también sabes que tuvieron que enfrentar serias dificultades durante su escalada.

El clima es perfecto. Una vez más, levantas la vista hacia arriba y miras lo alto que se ve el pico de la montaña; eso te alienta a querer estar ahí. Cuanto más deseos tienes de subirla, mayor fuerza sientes en las piernas y en todos tus músculos. Tu cuerpo y tu alma parecen gritar: "¡Anda! No esperes más, comienza a subir… ¡Tú puedes!"

Ya que en este mundo gozamos del libre albedrío, cada fuerza se enfrenta a otra fuerza contraria de manera paralela. El bien y el mal se encaran entre sí —como ya lo hemos venido explicando en este libro: se trata del: "Instinto del Mal" y del "Instinto del Bien". La fuerza debe vencer a la debilidad, no sólo a nivel físico, sino a nivel espiritual. Sin embargo, también el deseo tiene sus dificultades.

Si en verdad deseamos lograr algo importante, especialmente durante el proceso de alcanzar nuestras metas permanentemente, enfrentaremos diferentes y serias dificultades. Esto es un hecho espiritual inseparable de la Creación. Mientras más difícil sea nuestro objetivo para lograr la misión que tenemos en la vida, mayores serán las dificultades.

Hoy en día, la gente vive con la idea de buscar la gratificación inmediata; anhelan el camino más fácil y el de menor esfuerzo, pensando: "¡No es justo! ¿Por qué tengo tantos problemas en mi vida?". Isaac Newton nos dio la respuesta: "Para cada acción hay una reacción igual y opuesta". Es por ello que donde no existe el verdadero deseo para lograr algo, nada es difícil; pero cuando más fuerte es el deseo y más voluntad se requiera, también las dificultades serán mayores.

¿Quién pagaría mil dólares por un boleto para el Súper Bowl, el Mundial de Futbol o las finales de la NBA, si sólo hubiera un equipo jugando en la cancha? ¡Nadie! A todos nos gusta ver a los famosos campeones superando al mejor equipo de oposición y obtener su victoria.

Aquí debemos recordar algo muy importante cuando la vida se presente sustancialmente difícil: nuestra cultura nos enseña que cuando la persona requiere enfrentar problemas y dificultades con el objetivo de cumplir con su misión en la vida, el Mismo Creador, junto con un estadio lleno de ángeles, abogan en el Cielo para que ésta tenga éxito.

Con esto en mente, podremos mirar el mundo desde un punto de vista espiritual, lo cual nos motivará a ver nuestros problemas como un regalo. Ya vimos que las dificultades alimentan el deseo, especialmente cuando se trata de escalar nuestra propia montaña de la vida. Conforme mayores sean las dificultades, más desearemos alcanzar nuestra meta.

Esto lo podemos percibir en nuestra vida cotidiana: si le damos una paleta de caramelo a un niño pequeño, pero antes de que le quite la envoltura se la retiramos, lo más probable es que el niño haga un berrinche y trate de arrebatarla de tus manos. Como para él eso significa una dificultad, más querrá apropiarse de la paleta.

En primer lugar, quienes se derrotan al momento de enfrentar un problema, carecen de deseo y fuerza de voluntad. Eso significa que, simplemente, no deseaban tanto aquello por lo que ahora se quejan.

El dolor es uno de los mayores obstáculos que debemos enfrentar en la vida, pero es una parte integral del crecimiento personal.

¿Has notado alguna vez cómo los atletas y deportistas famosos aguantan el dolor y las lesiones mientras logran su objetivo? Ningún futbolista profesional gana un trofeo en el Súper Bowl sin haber sido golpeado duramente en repetidas ocasiones por un contrario. Un futbolista profesional pagaría casi cualquier precio por llegar a la cima de sus sueños, es decir, al campeonato nacional.

Nunca pude ver que un soldado de las fuerzas armadas superiores llevara una vida libre de dificultades. En las unidades administrativas la vida se vuelve mucho más fácil después de la formación básica, pero no así en las unidades de combate. Cuanto más importante sea una unidad, más dificultad e inconvenientes deben enfrentar sus tropas. ¿Cómo y por qué se preparan para ello? Conforme más creen en la misión que se les ha asignado, más dispuestos están para hacer lo que sea necesario y cumplir con lo que les corresponde hacer. Si no creen en su misión, sufrirán tremendamente, tanto física como emocionalmente.

En cada etapa de la vida, es muy importante la relación entre *creer* en tu misión y *triunfar*, y no sólo en el ámbito del atletismo o del ejército. Cuanto más un vendedor cree en su producto, mayor éxito tendrá. Cuanto más los maestros crean en lo que enseñan, mayor éxito desarrollarán al inculcar ese aprendizaje en la mente y en el corazón de sus alumnos.

Pero volvamos a nuestra propia montaña personal mientras seguimos subiendo. Todos anhelamos llegar a una meta: la cima. Tenemos nuestras herramientas —los maravillosos talentos y habilidades individuales dadas por el Creador para poder cumplir con nuestra misión de vida, nuestra propia cima, y tenemos un camino trazado para llegar al pico de la montaña. Así que, cuanto más nos preparemos, podremos escalarla con mayor facilidad.

Ya vamos camino hacia arriba, paso a paso. Nuestro ascenso inicial es muy emocionante: la pendiente no es tan empinada, y cada paso hacia arriba revela una vista más hermosa.

Vamos ascendiendo gradualmente la montaña de la vida y algunas cosas comienzan a suceder: sin importar qué tan buena sea nuestra condición física, la respiración se nos irá dificultando. El nivel de la escalada demanda más fuerza en cada paso que damos. De pronto, llegamos a un punto en que los pulmones y los músculos de las piernas parecen arder. Sentimos el dolor de la escalada; no es una tarea fácil. Aquel pico que parecía tan frágil cuando lo veíamos desde abajo, ahora nos reta desafiante.

A mayor altitud, el aire va desmejorando y respirar se vuelve aún más difícil. Quizá nunca habíamos estudiado anatomía, pero ahora nos familiarizamos con cada músculo de nuestras piernas, porque cada uno grita con dolor.

¿Nos rendimos? ¡Seguro que no! Dos cosas nos animan: una nueva mirada al pico y el hermoso paisaje que tenemos abajo. Nunca creímos que el mundo fuera tan bello, sin embargo, cuanto más alto subimos y más nos esforzamos para alcanzar nuestra meta, el mundo se verá cada vez más hermoso. Esto no es sólo una metáfora, sino un hecho real.

Cuanto más deseamos llegar a nuestra meta, más capacidad tendremos para superar cualquier obstáculo que se nos presente. Así que no digas que no puedes alcanzar tu punto máximo sólo porque hay obstáculos en el camino; eso es un pretexto. Si realmente deseas lograr algo y crees en tus propios objetivos, ni los dolores en las piernas, ni los pulmones, ni cualquier otra dificultad que se te presente, podrán interponerse en tu camino. La satisfacción y la experiencia bien habrán valido la pena.

¡Sigue subiendo! Nunca te des por vencido. Si tu deseo te representa enfrentar dificultades, los obstáculos alimentarán ese deseo por llegar a la meta. Recuérdalo siempre y llegarás a la cima de tu propia cumbre. ¡El dolor es parte de la recompensa!

Resumamos lo aprendido hasta ahora:

Al escalar, enfócate en tu objetivo y no permitas que nada te distraiga de tu meta. No pierdas el tiempo ni permitas que el dolor te desmoralice. Recuerda que vas directo hacia tu meta. Para empezar, cuando las cosas se pongan difíciles, no olvides por qué iniciaste este largo camino hacia tu cima; reafirma tu fe en lo que estás haciendo. Esto te dará una buena dosis de valor y fortaleza para seguir adelante.

Sé honesto contigo mismo

El mayor mentiroso es quien se miente a sí mismo. En la obra *Hamlet*, de Shakespeare, Polonio le dice a su hijo Alertes: "… Pero, sobre todo, hijo mío, sé sincero contigo mismo".

Cuando alguien se miente a sí mismo e intenta ser alguien o algo que no es, se convierte en un doble perdedor: en primer lugar, no tiene posibilidad de ser otra persona porque no tiene las mismas herramientas que el Creador le dio a esa otra persona. No olvides que los demás también tienen sus propias herramientas y que son diferentes a las tuyas; ellos tienen una misión distinta a la tuya.

Muchas personas me llaman a menudo y me dicen que se sienten avergonzados por sus propias expectativas. Eso es una tragedia. Nunca verás un alpinista que se avergüence por escalar su montaña.

Tus sueños, metas y aspiraciones son lo que le ponen sabor a tu vida. Cuanto más creas en ellas, más poder te darán al despertar por la mañana. ¿Qué te importa lo que piensen los demás? ¿Les importa si eres feliz o no? No apuestes por eso.

Henry David Thoreau dijo: "Si un cantante no sigue el ritmo de sus compañeros, tal vez sea porque escucha que el baterista no lleva bien el compás. Déjenlo seguir el tono de la música que él escucha, por muy calmada o distinta que sea". ¿Cómo llegó Thoreau a esta asombrosa idea? Pasó horas y horas en soledad para concluir que el Creador no sólo habita en toda la Creación, sino en el alma de cada persona.

¿Qué importa si a la gente no le gusta tu melodía? Fluye a tu propio ritmo y avanza al tono de tu propio tambor, porque eso es exactamente lo que el Creador quiere de ti. Pero, sobre todo, sé sincero contigo mismo.

Quienes prefieren estar en Facebook o ver televisión, no entienden a aquellos que se esfuerzan al escalar y triunfan. ¡No permitas que ni ellos ni nadie más te desmoralice!

Toma en cuenta los siguientes cinco puntos que siempre te ayudarán en tu escalada de vida, donde sólo hay una forma segura de llegar a ser un triunfador, pero te advierto que no es un camino fácil. Sin embargo, puedes aplicar estos cinco pasos hacia la grandeza:

1. En tu ascenso, prepárate para sacrificar las comodidades y las diversiones personales. La meta seguro que vale la pena.

2. Prepárate a caminar con valor por un camino diferente al que tus compañeros han elegido.

3. Prepárate para sufrir el menosprecio y la humillación. Pocas personas entienden a los alpinistas de la vida real, a quienes vemos como anormales. Pero no te preocupes, los alpinistas ríen al último; incluso si no llegan

a la cima, terminan en un nivel más alto que los demás.

4. Evita la actitud conformista de las multitudes mediocres.

5. Finalmente, sólo busca la honestidad. Siempre te guiará por el camino correcto.

Vayamos ahora al Día Cinco, donde aprenderemos a lidiar con las adversidades y los fracasos que invariablemente encontraremos a lo largo del camino que nos llevará hacia nuestra propia cima personal.

Día Cinco

Enfrentando la adversidad y los fracasos

Hoy aprenderemos a enfrentar las dificultades y los fracasos. Así como hay rocas y acantilados que rodean una montaña, hay contratiempos y obstáculos en cada camino que lleva a cualquiera de las cumbres que tenemos en la vida. Y para llegar a la cima, debemos aprender a lidiar con ellos.

Aunque el Instinto del Mal intente convencernos de lo contrario, las constantes caídas serán parte de nuestro crecimiento. La mayoría de las veces, una caída indica que una persona está ascendiendo. Si nunca subimos a ningún lado, no habrá dónde caer.

Para que tengas alegría y bienestar, quiero que grabes la siguiente regla de vida en tu corazón y en tu mente:

A medida en que subimos por la escalera del crecimiento personal, nuestros fracasos de hoy, en realidad serán más altos que los triunfos del pasado.

Permítanme explicarlo: Supongamos que hace cuatro meses aun no tenías claro cómo llevar un estilo de vida saludable. A partir de entonces te hiciste algunos análisis rutinarios de sangre y tu médico te advirtió que tenías el colesterol alto, por lo cual decidiste mejorar tu alimentación y tu estado físico en general. Entonces comenzaste una dieta muy sana; ahora sólo comes alimentos veganos, crudos y sin procesar.

Luego de algunas semanas de ajustar tus gustos culinarios a tus nuevos hábitos alimenticios, comienzas a ver cómo se deshacen esos kilos que tenías de más y notas una mejoría dramática en tu nivel de energía. Todo va genial… hasta que una noche, tus amigos te invitan a una cena de cumpleaños en el mejor restaurante de carnes de la ciudad. Después de permitirte disfrutar de algunas bebidas altas en calorías, decides omitir el salmón a la parrilla acompañado de ensalada, y optas por un bistec perfectamente asado y ricamente condimentado. Terminas la noche con un soufflé de chocolate cremoso y esponjoso.

Al día siguiente te sientes verdaderamente culpable por tu terrible desliz. En lugar de pensar que durante todos los meses que seguiste rigurosamente tu dieta nunca fallaste, concentras toda tu atención en el banquete que disfrutaste la noche anterior. Sin embargo, esto es lo que debes recordar: a pesar de que tuviste una caída, aun estás muy por delante de donde estabas hace cuatro meses.

Si vinculamos tu caída real al ejemplo anterior, debes saber que en cualquier cosa que te propongas hacer o mejorar, habrá caídas de vez en cuando, y que, aunque continuamente nos caigamos, debemos aprender cómo levantarnos sin necesidad de lastimarnos.

Lo primero que un buen instructor de gimnasia enseña a sus alumnos es cómo caerse. Un paracaidista pasa días aprendiendo a caer antes de subir a un avión. Y lo primero que aprende un piloto es cómo sacar un avión de un giro descendente. Un corredor de la bolsa con experiencia, también debe saber cómo reorganizar las inversiones cuando caen los mercados de acciones, bonos o materias primas. Y lo que es real en el mundo físico, es real en el mundo metafísico. Si tenemos que estar preparados para una caída física, por supuesto que debemos saber cómo manejar una caída emocional o espiritual.

Todos parecemos bebés, especialmente si los comparamos con nuestro potencial. Es imposible que los bebés aprendan a caminar sin caerse de vez en cuando. En este contexto, debemos recordar los beneficios que nos da una caída: es el mejor cojín para no lastimarnos.

Repasemos cinco buenas razones por las que a veces caemos o fallamos:

1. **Sólo quienes se mueven, se caen**. Si no subes la montaña, no caerás sobre las rocas, ¡así de simple! Aquellos que conducen un auto, a veces reciben multas de tráfico, pero quienes no conducen un auto, nunca las recibirán. ¿No sería ridículo que una persona de setenta años presumiera que nunca cometió una infracción de tránsito, si nunca condujo un automóvil? El primer consuelo de una caída, es saber que eres un hacedor y un escalador.

2. **De una caída podemos aprender mucho, ya que no sólo desencadena el hecho de hacer un segundo esfuerzo, sino**

que revela que tenemos un potencial aun sin explotar. Las caídas constantes nos protegen contra la satisfacción y la arrogancia. Cuando caemos, nos damos cuenta de que debemos esforzarnos aún más la próxima vez. Con frecuencia, un segundo esfuerzo es muy superior, incluso, que el primer esfuerzo, ya que revela que tenemos un potencial más sin explotar que ni siquiera sabíamos que teníamos. Entonces, si te caes, no te desanimes; simplemente "regresa al juego". Si te recuperas, tu caída sólo será un fracaso temporal. Además, la caída suele ser un trampolín para lograr algo mejor. ¡No lo olvides, mientras sigas vivo, el juego no ha terminado aun!

3. **El fracaso nos acerca al Creador**. Si siempre tuviéramos éxito en todo lo que hacemos, probablemente caminaríamos con la nariz en alto. Entonces sí seríamos feos, Dios no lo quiera, porque nada es más feo que la arrogancia. El Creador quiere a Sus hijos cerca de Él. Después de un fracaso, rezamos con más fervor e imploramos la ayuda Divina para poder empezar de nuevo. Si nuestra vida fuera una cadena perfecta de éxitos continuos,

por supuesto que no rezaríamos desde el fondo de nuestro corazón.

4. **La experiencia es la mejor maestra de la vida**. Si alguna vez experimentamos una caída, seguramente habremos aprendido la lección rápidamente, ya que por lo general somos lentos para asimilar y poner en práctica lo que aprendemos. Si tomamos en cuenta que, cuando caemos, se nos presenta una oportunidad de oro para mejorar de inmediato, aprenderemos para siempre la lección que trae consigo una caída, misma que grabaremos dentro de nosotros profundamente.

5. **Los pequeños fracasos nos aseguran el mayor éxito**. ¿Dónde preferiría un actor olvidar una línea, en un ensayo o en el escenario? Por lo general, un fracaso durante el ensayo le asegura una mejor actuación en el escenario, ya que el actor hará un esfuerzo especial para pulir las fallas que haya tenido durante el ensayo. Esto significa que, con frecuencia, los pequeños fracasos no son más que los preparativos para los grandes éxitos.

El miedo al fracaso, como muchos otros miedos, nos paraliza. Sin embargo, cuando nos despojamos del miedo al fracaso, tenemos el poder de "desparalizarnos" y empezar de nuevo con un segundo esfuerzo. Mi antiguo entrenador de secundaria me enseñó un principio fundamental de la lucha libre que se puede aplicar a cualquier situación en la vida: "Si te tiran a la lona no significa que has perdido el combate; mientras más rápido te levantes, mayor será tu posibilidad de ganar".

¿Qué pasa si me caigo?

Continúa avanzando y pregúntate: "¿Qué pasa si me caigo?". No temas. ¡Mejor prepárate! Si te llegaras a caer de un caballo, tu instructor te diría tres cosas:

a) Levántate.

b) Sacúdete el polvo.

c) Súbete de nuevo al caballo e inténtalo de nuevo.

¿Quién podría aconsejarte mejor? Por consiguiente, si tiendes a enojarte una y otra vez y no lo puedes controlar, no todo está perdido. Siempre tendrás una nueva oportunidad para volver a comenzar. Los nuevos comienzos son benéficos para tu vida, tanto a nivel físico como espiritual. Por ello, intenta hacerte la siguiente pregunta:

¿En realidad importa que no hubiera podido triunfar anteriormente? No, ¡no importa en absoluto! A partir de este momento, simplemente declaro que empezaré un nuevo capítulo en mi vida. ¡El pasado ya pasó! Estoy listo para empezar desde abajo con toda la intención de hacerlo de la mejor manera posible.

Declarar un nuevo comienzo equivale a un renacimiento espiritual. ¿Cómo? El alma influye al cuerpo. Entonces, cuando el alma declara un nuevo comienzo, ¡el cuerpo rejuvenece! Si nos quitamos de la mente los obstáculos y la frustración, entonces podremos evitar la tristeza y la depresión.

Repetirnos a nosotros mismos que estamos listos para comenzar de nuevo, nos revitaliza y nos empodera. La alegría de iniciar una nueva etapa emocional y espiritual nos da un aspecto más juvenil en el rostro, en el cuerpo y en el cutis, haciéndonos ver mucho mejor que si usamos algún tratamiento facial.

Comenzar de nuevo es el secreto para mantenerse joven.

Tomemos un ejemplo de nuestro diario acontecer: Supongamos que estamos de mal humor y perdemos la compostura con alguien cercano a nosotros y le hablamos de mala manera. Aunque espiritualmente nos hundimos, el juego no termina ahí. Si nos tragamos nuestro orgullo, le estaremos dando a esa persona un pequeño regalo: una disculpa sincera que convertirá nuestro fracaso en una gran victoria. Nos fortaleceremos a nosotros mismos y a nuestras relaciones con los demás. Empezar de nuevo nos mantendrá felices, rejuvenecidos y optimistas. ¡El día es perfecto para seguir escalando!

Mejor que la habilidad

Durante cualquier escalada o esfuerzo que hagamos, tarde o temprano se detonará nuestra fortaleza. La verdadera prueba de valor que tiene una persona se mide por cómo actúa y cómo reacciona cuando ya no tiene más fuerzas y no es capaz de seguir adelante.

Cuando esto sucede, ¿te das por vencido? Muchos lo hacen. Son muy pocos quienes logran llegar al pico de la montaña, simplemente porque nunca se rinden. Esa es la diferencia entre la mayoría y los pocos que salen beneficiados. Quienes están entre esta minoría, nunca se dan por vencidos.

No recuerdo a un solo soldado de la unidad de combate superior —en la que tuve el privilegio de servir— que fuera más feo que yo. Muchos se sorprendieron cuando pude calificar y formar parte de esa unidad, pues casi todos mis compañeros eran mucho más hábiles que yo. Sin embargo, yo tenía una cualidad más importante que cualquier otra persona: la perseverancia. Nunca me rendí ni a nivel físico, ni mental.

Durante las maniobras más agotadoras, me ponía a tararear aquella vieja canción de Ringo Starr, tan famosa en esa época: "It Don't Come Easy" (*Eso no viene fácil*). "Eso" me motivaba a seguir adelante. Los del tipo "Rambo", que podrían haberme apaleado en una pelea de bar, estaban cayendo de rodillas por el cansancio. Sin embargo, yo aún seguía de pie y continuaba avanzando.

Mi vida es un ejemplo vivo de cómo el intelecto, la fuerza y la capacidad con los que nacemos no determinan el éxito. Sin embargo, el deseo y la fe sí lo hacen.

A nivel intelectual, cuando la lógica te diga que no existe una solución, habla contigo mismo: "Es cierto, tal vez no tengo una solución a mi problema, pero el Creador —en Su infinita sabiduría— seguramente sí la tiene. Padre Celestial, por favor ilumina mi mente y muéstrame el camino". Esto nos conduce a un pensamiento innovador que nos ayudará a sortear los obstáculos. Por otra parte, la falta de voluntad que nos lleva a rendirnos, es producto de la falta de deseo y de fe.

El deseo y la fe te dan la fuerza para perseverar. La perseverancia te lleva a la cima. Y, lo que es más, en muchas ocasiones ha salvado vidas.

Estando bajo un ataque mortal de fuego enemigo, el pelotón de infantería avanzó poco a poco hacia su objetivo. Un soldado gritó: "¡Me han golpeado! ¡Oh, ¡Dios mío, mira mi brazo! " Una bala le había fracturado el codo derecho. Sangraba mucho y el dolor era insoportable. Dejó caer su rifle al suelo y con su brazo sano se abrazó el codo derecho. Al borde del pánico, continuaba gritando: "¡Mi brazo! ¡Mi brazo! ¡Alguien ayúdeme por favor!" Con total asombro, sus compañeros lo miraban paralizados, tratando de responder al enemigo y mantenerse con vida. El soldado herido ya no respondía… estaba muy vulnerable. Minutos después, una segunda bala lo alcanzó en la cabeza.

Otro de nuestros soldados también resultó gravemente herido en el brazo derecho, pero nadie lo sabía. Una terrible bala enemiga le desgarró todo el músculo, dejándoselo como una toronja; sentía como si las dagas de fuego lo apuñalaran una y otra vez en el brazo. Nunca había experimentado un dolor tan tormentoso en su vida. Sin embargo, apretó los dientes y se quedó mudo. Con su mano izquierda sana, deslizó otra bala en su fusil y continuó disparando. Él y sus compañeros murmuraron una oración silenciosa y luego tomaron el riesgo más grande de su vida: con sus armas cargadas, se precipitaron hacia el territorio de oposición y vencieron a las fuerzas enemigas. ¡Él vivió para contar su historia!

Los dos soldados que le salvaron la vida resultaron gravemente heridos. No obstante, la gran diferencia entre el soldado que murió y el soldado que sobrevivió, fue su capacidad de resistencia: uno se sintió abrumado por su fracaso, mientras que el otro encontró la manera de perseverar, recuperarse y seguir luchando.

* * * *

Ron era fotógrafo de una importante revista de viajes. Estaba escalando en los Alpes austríacos en una tarde de primavera totalmente despejada, rodeado de un paisaje bellísimo. Ese día estaba muy emocionado porque había capturado algunas de sus mejores fotografías. Al llegar a una cornisa, desde donde se miraba un panorama impresionante, instaló un pedestal para su cámara y comenzó a tomar fotos de la puesta de sol. Totalmente absorto en lo que estaba haciendo, Ron no sintió la rapidez con la que bajaba la temperatura. Sabía que cientos de miles de personas verían la revista de circulación internacional con sus fotos, tanto en la portada como en el artículo principal, por lo que nada más le importaba en ese momento.

De la nada, una fuerte ráfaga de viento silvestre sopló a través de la montaña, esparciendo espirales de nieve y hielo que venían desde la cima, cuyos restos se originaban por el deshielo de las últimas nevadas de primavera. Tambaleándose por la ráfaga, el pedestal de Ron sorpresivamente se apoyó en una de sus piernas y, en otra fracción de segundo, su cámara con todas las fotos del día rodaba miles de pies en el cañón de abajo. Ron se abalanzó sobre su pedestal y logró evitar que se cayera, pero la roca que pisó al hacerlo, no le proporcionó una base firme. Perdió el equilibrio y se cayó de la cornisa. En un momento, vio su vida entera destellar ante sus ojos. Estaba seguro de que no sobreviviría…

Su caída libre duró poco. Otra cornisa, dos metros por debajo de la cual estaba sostenido, sobresalía lo suficiente como para atrapar al fotógrafo y salvarle la vida. Con los pies en el aire, aterrizó con un ruido sordo sobre su costado derecho, recibiendo la mayor parte del golpe en las costillas y en el hombro. La caída fue tan fuerte, que los pulmones de Ron se desinflaron por completo. Jadeó en busca de aire, pero no le era posible respirar. Sus costillas le ardían de dolor; por lo menos dos estaban rotas. Tenía el hombro dislocado, sus piernas y brazos raspados y sangrando, y le sobresalía una cortada en la frente. Sin embargo, estaba vivo, pero se enfrentaba a dos problemas: aun no podía respirar y su mochila y su teléfono celular habían quedado sobre el borde superior, así como la cámara y su pedestal, los que después logró rescatar.

Su primera reacción fue de desesperación: "¡Se acabó el show!" —pensó. "O me asfixio, o moriré congelado. ¿Cómo lograré subir al borde superior? Apenas y me puedo mover…"

Entonces su determinación entró en acción: Ron nunca se rindió y su tenacidad compensó con creces su falta de habilidad natural en otras situaciones. Decidido a vencer cualquier probabilidad para sobrevivir, pero sabiendo que no podría hacerlo solo, suplicó en voz baja: "Querido Dios, no podré aguantar más sin respirar. Necesito Tu ayuda ..."

Después de quince o veinte segundos —que para él fueron interminables— sus pulmones de alguna manera inhalaron un frío aliento de aire alpino, pero siempre tan dulce y tonificante. La temperatura rondaba el menos 1° centígrado, y todo lo que vestía era una sudadera. Pronto todo estaría completamente oscuro porque el sol se había ocultado. Esa era su última oportunidad para encontrar un camino de regreso diferente al que había subido, donde estaba la cuerda de salvamento de la mochila y su teléfono celular. Ron imaginó la portada de la próxima revista en su mente. No estaba listo para morir congelado en las rocas de una montaña. Con un esfuerzo sobrehumano, logró salvar su vida.

Sus costillas nunca se curaron adecuadamente, así como tampoco su hombro. Pero sus fotos continúan adornando las portadas de muchas revistas e inspiran al público. Además, sigue haciendo grandes proyectos de fotografía.

Alcanzar el éxito no significa que nunca caerás… significa ser perseverante y resiliente ante las dificultades y obstáculos — no rendirse ante nada y hacer el mejor esfuerzo para volver a levantarte tan pronto como te sea posible después de una caída.

Sin embargo, la mayoría sueña con una vida fácil, aunque en realidad no existe tal cosa.

Todo lo que vale la pena requiere esfuerzo, y el esfuerzo equivale a una batalla ascendente, tal como lo es escalar una montaña. Dios diseñó Su mundo de manera tal, que todo lo importante cae; esa es la ley de la gravedad. Entonces, al ascender, debemos ir en contra de las fuerzas de la naturaleza, que rara vez cooperan, por decir lo menos.

Reflexionar ahora sobre el concepto de gravedad podría resultar potencialmente deprimente. No obstante, es verdad que si todo lo que somos es un cuerpo físico, entonces podemos ser arrastrados hacia abajo.

Afortunadamente, como aprendimos en el Primer Capítulo, no sólo somos un cuerpo físico, ya que éste sirve para albergar aquello que nos da la verdadera fortaleza en la vida, el alma. El alma también opera de acuerdo a las leyes de la Creación, pero, así como el cuerpo, el alma también es capaz de elevarse.

La determinación, la resiliencia, la tenacidad, la perseverancia y la fe —todas ellas cualidades de los triunfadores— se originan en el alma.

Así que, si queremos triunfar en cualquier cosa que hagamos, debemos fortalecer el alma y aprender a levantarnos después de una caída, ya que las caídas serán inevitables en el transcurso de nuestra vida. Pero no las queremos. Sin embargo, una vez que tengamos que enfrentarlas, podremos tener ventaja sobre ellas si nos esforzamos para triunfar.

Cuando agotamos todos los recursos

Lo mejor de perseverar y de nunca darse por vencido, es que cualquiera puede adquirir estas características extraordinarias. Dado que son las cualidades más importantes para alcanzar nuestro máximo potencial, cualquier persona es capaz de llegar a la cima.

Pocos nacemos con un coeficiente intelectual de 135. No todo mundo nace con buena coordinación motriz natural. Algunas personas tardan más en aprender, y otros más tienen desventajas naturales por haber nacido con alguna discapacidad que los limita.

Sin embargo, cualquiera es capaz de desarrollar un fuerte deseo interior. Cualquiera puede aprender a ser perseverante.

Eso significa que cualquiera —inclusive tú— puede llegar a la cima.

Cuando la fuerza y la capacidad se agotan, el deseo y la perseverancia entran en acción, pero se recargan de una energía extraordinaria cuando echamos mano de un recurso adicional: la fe.

La fe significa tres cosas:

1. Que existe un Dios que no solo creó el mundo, sino que también lo conduce, a la vez que sostiene a cada una de sus creaciones —desde la galaxia más grande, hasta el más pequeño de los organismos unicelulares— donde, por supuesto, estamos incluidos cada uno de nosotros sin excepción.

2. Todo lo hecho por el Creador, aunque en ocasiones no podamos comprenderlo, es indudablemente bueno y es para nuestro beneficio.

3. Todo lo creado por Dios tiene un propósito específico. Los acontecimientos que nos suceden y los estímulos de nuestro entorno son Su manera de comunicarse con nosotros.

Vamos a suponer que estamos subiendo una montaña, o que nos encontramos en una situación difícil que va más allá de nuestras posibilidades y capacidad de hacerle frente. ¿Qué hacemos? ¿Rendirnos? No. ¡Darse por vencido ya no es parte de nuestro vocabulario! Pero si ya nos quedamos sin combustible en el tanque y se nos agotó nuestra capacidad y potencial, ¿qué hacemos? Recurrimos a un recurso adicional: la fe.

Habíamos dicho que cuando se nos acaba la fuerza y la capacidad, el deseo y la perseverancia entran en acción. Supongamos que ya estamos física y emocionalmente agotados, y que ya casi no nos queda siquiera el deseo y la motivación para seguir adelante. Entonces, ¿qué hacer?

¿Recuerdas lo que acabamos de aprender? Mantengamos la calma e internalicemos la siguiente regla de oro para toda la vida: el deseo y la perseverancia se sobrecargan de energía cuando recurrimos a la fe. Tal vez a nosotros se nos agotó la energía, tanto física como emocional, pero el Creador es ilimitado y Todopoderoso. Él está aquí para ayudarnos. Lo único que tenemos que hacer es recurrir a Él. Así de simple.

¿Necesitas ayuda? No hay problema —sólo habla con el Creador en tus propias palabras. No necesitas una casa de culto o un guía espiritual para ello. Dios está ahí, contigo, 24 horas, 7 días a la semana, dispuesto y esperando responder a tu llamado.

Te comparto un gran secreto: muchos —si no es que todos— tenemos problemas y dificultades que están diseñados para que finalmente entendamos que necesitamos la ayuda de Dios. Conforme más cultivemos una relación íntima y personal con Él, de manera inmediata podremos ser testigos de la intervención y asistencia Divina en nuestra vida. Recuerda que las aguas de la vida son demasiado traicioneras para tratar de navegarlas solos o por nuestra cuenta.

Un cambio absoluto

La fe nos permite aprovechar el impulso que nos mueve cuando afrontamos los contratiempos y las dificultades para que podamos cambiar nuestra vida de la mejor manera. Así es cómo:

Comprender que cuando surge un contratiempo o una dificultad es por nuestro bien, no es lo mismo que *creer* que sea para bien. Desde un punto de vista espiritual, *la comprensión tiene un nivel mucho más bajo que la fe.* En el punto en el que el cerebro ya no comprende cómo el Creador está haciendo todo de la mejor manera, comienza la fe. En otras palabras, la fe entra en acción cuando el cerebro se dispara, por eso le llamamos "meter segunda".

Ante las dificultades, cada vez que el cerebro se queja de que una determinada situación nos parece mala, podemos hacernos un gran favor poniendo el intelecto a un lado para activar nuestra fe en el Creador. Es decir, **comprender que todo proviene de Él, que es para nuestro beneficio y que tiene un propósito.**

Si escuchamos a nuestro intelecto, entonces el juego se acaba; perdimos. Cuando la lógica nos confunde al querer encontrar una solución o superar una dificultad, si somos de las personas que dependemos de la lógica, podemos unirnos para levantar la "bandera blanca" de la derrota. ¿Sabes lo que eso significa?

Quienes triunfan en la vida y tienen éxito, son menos racionales y lógicos que los perdedores.

Fíjate en la sección de deportes del periódico dominical: por lo general se publican entrevistas con el entrenador del equipo perdedor, quien se justifica con todo tipo de excusas y explicaciones de por qué perdió su equipo.

de por qué perdió su equipo. Pero, ¿por qué rara vez entrevistan al entrenador del equipo ganador?

Los triunfadores no tienen motivos ni razones para explicar cómo y por qué ganaron. De hecho, muchos triunfadores no lo hacen porque, la mayoría de las veces, la razón desafía a la lógica.

¿Cómo es que la fe nos ayuda a superar hasta las situaciones más difíciles?

Con fe, no tememos a nuestras emociones negativas. No nos decimos a nosotros mismos cuán enormes son nuestros problemas, sino que le decimos a nuestros problemas cuán enorme e infinito es el Creador: Él puede hacer lo que quiera, cuando quiera. La fe nos da optimismo, y cuando somos optimistas, nuestro cerebro funciona de manera más eficiente. En realidad, la fe mejora nuestro poder mental y nuestra capacidad para afrontar cualquier situación.

La fe nos llena el corazón de confianza al saber que el Creador tiene una buena razón para hacer todo lo que hace y que los caminos que hoy son salvajes, eventualmente nos conducirán a caminos más livianos y tranquilos.

Si permitimos que la fe anule nuestra lógica intelectual, podremos enfrentarnos fácilmente a cualquier reto que la vida nos presente.

Día Seis

Autor renovación, un segundo esfuerzo

El capítulo anterior nos mostró una nueva forma de afrontar los contratiempos y las dificultades.

Una actitud optimista forma parte integral del camino que nos llevará hacia lo más alto. Muchos lo logran al primer esfuerzo; son los triunfadores y ganadores quienes perseveran en el intento.

Cuando era niño y vivía en los Estados Unidos, mi caricatura preferida era Charlie Brown, el protagonista de "Peanuts", nuestro adorable y eterno perdedor. Su creador, Charles Schultz (1922-2000), quizá haya sido uno de los más influyentes y populares escritores e ilustradores que ha existido.

Sin embargo, antes de probar las mieles del éxito, también fue un adorable perdedor. Reprobó todas las materias en segundo de secundaria, incluyendo física, con un promedio de cero. También reprobó latín, álgebra e inglés con una calificación de cero. Incluso, en deportes tampoco era muy bueno.

A pesar de haber formado parte del equipo de golf del colegio, perdió el torneo más importante de la temporada.

Charles Schultz decidió estudiar una carrera en arte, ya que se sentía orgulloso de sus dibujos. Los editores del anuario escolar rechazaron el trabajo que les presentó, pero, sin embargo, continuó creyendo en sí mismo.

Al terminar la preparatoria, envió un portafolio con algunos de sus mejores trabajos al estudio de Walt Disney, donde también fue rechazado. ¡Charles Schultz no se dio por vencido! Decidió contar su historia a través de un personaje principal caracterizado por un niño que ejemplificaría al eterno perdedor, con el cual millones de personas aprendieron a identificarse y a amar. Se trataba de la "gran estrella", Charlie Brown.

Jenson Button es un famoso corredor de autos de Inglaterra, quien obtuvo el Campeonato de la Fórmula Uno en el año

2009. No obstante, reprobó su primer examen de manejo a la edad de 17 años.

Sir Edmund Hillary participó en dos intentos frustrados para escalar el Monte Everest antes de realizar su tercer intento, en 1953.

Benjamín Cardozo, reconocido juez de la Corte Suprema de los Estados Unidos, y antiguo juez de la Corte de Apelaciones de Nueva York, falló en su primer intento, cuando hizo su examen primario en Nueva York.

Schultz, Button, Hillary and Cardozo – como muchos otros triunfadores y ganadores—insistieron en llegar a la cima, incluso si hubieran fallado en lograrlo. De hecho, cada paso que dieron para seguir caminando hacia arriba, ya era un triunfo por sí mismo.

En el capítulo anterior, también entendimos que existen buenas razones —diseñadas para nuestro propio beneficio— por las que fracasamos y afrontamos contratiempos en la vida. De hecho, el Creador tiene excelentes motivos para no permitirnos ganar en el primer intento.

Seguramente muchos se estarán haciendo la siguiente pregunta: Si Dios controla todo y me ama, ¿entonces por qué no me permite triunfar?

Comencemos por señalar que no poder alcanzar una meta es definitivamente un motivo preocupante, ya que la vida es mucho más placentera cuando probamos las mieles del triunfo. Preocuparnos por un fracaso temporal es como ver una nube con un rayo de luz. Teniendo esto en cuenta, aquí expongo algunas razones por las que Dios a menudo nos niega que tengamos éxito desde un principio:

1. El Creador retarda nuestro éxito hasta que hayamos aprendido debidamente a nulificar nuestro ego. Esto con la finalidad de que el éxito no nos lleve a la arrogancia y a la soberbia, ya que quienes son arrogantes, no pueden mantener una buena conexión con Él.

2. El Creador a menudo retarda el éxito para animarnos a hacer un segundo y más elaborado esfuerzo.

3. El éxito tardío es una prueba de fe.

Si aceptamos con optimismo cualquier circunstancia de dificultad transitoria, estaremos demostrando que merecemos triunfar lo más pronto posible.

El camino alterno

Un motivo más para no triunfar y alcanzar la cima, tal vez sea que fijamos la mirada en la montaña equivocada y subimos por el camino errado.

Las dificultades y contratiempos con frecuencia requieren de una reevaluación de nuestra parte para saber hacia dónde vamos en la vida.

Isaac Newton se vio obligado a administrar la granja de su familia después de la muerte de su padre, pero fracasó de manera vergonzosa. Si lo hubiera hecho bien, nunca habría asistido a Cambridge para estudiar física.

Walt Disney trabajó como ilustrador en un periódico de Kansas City, y fue despedido por "falta de creatividad".

Steven Spielberg comenzó a producir películas después de ser rechazado —por tercera vez— en la Universidad de California.

Mientras yo estudiaba agricultura en la universidad, solía ser agricultor, sembraba árboles frutales y criaba pavos en mi granja, entonces me sentía en la cima de mi montaña. A los 33 años, enfrenté a la muerte mientras hacía mi servicio militar como reservista activo, suceso que desencadenó que me reevaluara totalmente y me cuestionara dónde estaba en ese momento de mi vida y hacia dónde iba. Decidí convertirme en guía espiritual y entrenador de vida, y prácticamente comencé de nuevo.

Me llevó casi nueve años encontrar hacia dónde quería dirigir mi nuevo camino después de haber estudiado teología, recibir mi título y trabajar como pasante, pero mi cima aún estaba lejana. Durante los siguientes veinte años tuve logros importantes: dirigí mi propio programa en la Radio Nacional de Israel; publiqué varios libros con mucho éxito, y los que traduje tuvieron importantes ventas internacionales. Fui editor y columnista de un portal en inglés de Internet de renombre internacional e impartía exitosas conferencias en todo el mundo. Sin embargo, aún me faltaba algo. Estaba demasiado involucrado haciendo lo que otros me exigían y no lo que yo realmente quería hacer. Eso le estaba pasando una factura a mi cuerpo y a mi alma.

Mientras tanto, pude darme cuenta de cómo el cuerpo y el alma dependen uno de la otra. Muchos acudían a mí con problemas espirituales y emocionales que yo no podía ignorar, ya que la mayoría de los casos se trataban de problemas físicos provocados por ellos mismos. Entonces yo no tenía la experiencia suficiente para ayudarlos y sentí una voz dentro de mí que me decía: "¡Haz algo al respecto! ¡Tú eres capaz de conseguir las herramientas que te faltan! ¡Hazlo!"

A los 62 años fue cuando comencé a transitar por un nuevo camino de aprendizaje que me ofrecía nuevas habilidades que incluyeron estudios de anatomía, fisiología, biomecánica —la ciencia del entrenamiento físico—, nutrición y medicina preventiva. Cinco años después, a los 67 años, logré certificarme como entrenador físico y nutriólogo. Como el rabino y guía espiritual que ya era, ahora podía ver el tema de la salud desde una perspectiva realmente holística que tomaba en cuenta, tanto el cuerpo, como el alma.

Renuncié a todas mis actividades para perseguir mi verdadero sueño de ayudar a otros a mejorar su estado físico y espiritual, y lo hice a mi manera. ¡La satisfacción ha sido indescriptible!

No, no se trata de un final feliz, aunque todo vaya bien.

Un día en el que estaba demasiado concentrado entrenando con pesas y haciendo carreras de alto rendimiento, cuyo punto máximo era de 100 metros en 1,6 segundos — poco menos que el récord mundial para la edad que requería mi grupo— mi corazón se volvió loco. ¡La alarma de mi monitor cardíaco parpadeaba, avisándome que mi pulso había alcanzado un aterrador 220! Posteriormente fui hospitalizado por fibrilación auricular ("Afín"), pero nada de lo que hicieron los médicos pudo lograr que el corazón volviera a su ritmo normal.

Este nuevo tema de salud me obligó a cambiar mi alimentación y la forma de hacer ejercicio. Con la ayuda de un maravilloso cardiólogo, el Dr. Gideon Paul, hoy puedo vivir una vida sana que, créanlo o no, incluye levantamiento de pesas y carreras de alto rendimiento, aunque con un esfuerzo mínimo.

Dios me estaba dando una lección que pude superar como muchas otras: cuidar de mi cuerpo sin hacer de ello mi único objetivo, ya que su propósito es albergar y servir al alma.

En retrospectiva, si no hubiera sido por todos los contratiempos y mis traumas, nunca hubiera encontrado el mejor camino, ese tan especial, para llegar al pico de mi montaña personal.

Nunca permitas que la adversidad y los problemas te derrumben. Algún día, cuando mires hacia atrás, te darás cuenta de que fueron para tu beneficio y te sirvieron como peldaños para escalar hacia lo más alto de tu cima.

¡Sigue avanzando! Ese es el objetivo de nuestro sexto día: seguir avanzando, incluso haciendo un segundo —pero renovado— esfuerzo. Tarde o temprano llegarás a tu cima. No permitas que nadie te desmoralice.

Mientras creamos en nosotros mismos y en nuestras metas, y continuemos escalando hacia arriba, ya estaremos en la cima. Cada paso que demos para alcanzarla, significará un éxito por sí mismo.

Sigue avanzando

¿Te has puesto a pensar por qué los bebés pueden alcanzar siempre aquello que desean? ¿Es por curiosidad? No lo creo. Que un bebé alcance el objeto que quiere, es señal de que nuestras aspiraciones para crecer pueden llegar muy lejos. El Creador puso dentro de nosotros la ilusión de lograr nuestras más grandes expectativas para usarlas como la herramienta principal que nos ayudará a desarrollar nuestro potencial, cumplir con nuestra misión en la vida y lograr metas extraordinarias.

A veces, las influencias negativas anulan nuestra voluntad de seguir luchando. Los comentarios negativos que recibimos de padres, maestros y amigos devalúan la autoestima y la fe que pueda tener una persona en sí misma. Los esfuerzos inútiles que hacemos y la tendencia a la pereza —que está tan de moda—, junto con la gratificación inmediata, nos llevan a rendirnos ante el pesimismo, cuando en verdad tenemos todo el derecho para seguir fortaleciendo nuestra ilusión de llegar a lo más alto.

Cualquier cosa que reprima tus aspiraciones de cualquier manera, o cualquier cosa que te desanime a llegar tan alto como puedas, no es otro que un agente del Instinto del Mal (el *yétzer hará*), la fuente de toda la negatividad.

La desmotivación y la depresión deben quedar, ambas, excluidas de tu plan de vida. Mientras tengas aspiraciones y fe, nada ni nadie podrá desanimarte. Un individuo desanimado y deprimido está lejos del Creador, justo donde el Instinto del Mal quiere que estés.

Debido a los conflictos que se nos presentan en la vida, hemos llegado a pensar que Dios nos ha abandonado. ¡Nada más lejos de la verdad! Él, más que nadie, quiere que seas un triunfador. Te lo voy a comprobar, simplemente, de la siguiente manera:

Dios creó el mundo para revelarnos Su majestuosidad y soberanía, incluyendo las maravillas de la naturaleza —como las

Cataratas del Niágara, el Matterhorn, o las plumas de un pavo real— que, sin duda, dan fe de la Majestuosidad Divina. Cuanto más grande sea el reino, más poderoso es el rey. Con esto en mente, ¿un mundo lleno de fealdad, perdedores e incompetentes se sumaría a la dignidad del Creador? ¡Ciertamente no! Y no sólo lo mejor para Él es que cada uno de nosotros sea feliz y exitoso, sino que Él creó el mundo para que pudiéramos tener todas las bendiciones y el éxito. Conforme más sanos, ricos, sabios y satisfechos sean el mundo y sus habitantes, mayor será el prestigio del Creador. Él quiere que todos tengamos éxito.

Entonces, ¿por qué no lo hemos logrado?

La respuesta es muy simple: o no llegamos lo suficientemente alto, o renunciamos a llegar por completo.

Muchos han alcanzado logros importantes en la vida, pero vuelven a la infelicidad, la depresión y la oscuridad. ¿Por qué? Porque dejaron de llegar.

Incluso que hayamos alcanzado la punta del Monte Everest, no debemos de retroceder en nuestro intento de seguir luchando. Mientras estemos en el mundo, aún tenemos mucho por hacer.

Por lo tanto, si el Creador quiere que tengamos todo tipo de bendiciones en nuestro camino al éxito, entonces: ¿Por qué seguimos afrontando adversidades en la vida? De nuevo: en este momento, todas Sus bendiciones están cayendo sobre nosotros. Simplemente, debemos saber verlas.

¿Cómo?

Rezando. En nuestras propias palabras le pedimos al Creador que nos conceda todo eso que siempre hemos deseado. Cada palabra que pronunciamos crea un recipiente apropiado para recibir la abundancia Divina. Si un momento de plegaria crea un recipiente de 100 gramos de bendición, entonces una hora de plegarias creará ¡una tina para recibir mil litros de bendición!

Tal como no derramaríamos un buen vino sobre el suelo, tampoco el Creador da bendiciones en abundancia —tanto materiales como espirituales— a menos que preparemos el recipiente adecuado: ¡la plegaria!

Si tenemos expectativas, pero no rezamos, es como tratar de escalar una montaña sin haber dado ese primer paso. Sin embargo, las expectativas que se acompañan de una oración nos llevarán a la cima de nuestra propia montaña, siempre que no nos demos por vencidos. Con el tiempo, iremos conquistando las cumbres más altas. Si echamos atrás la mirada, nos daremos cuenta de que nuestra realidad de hoy es consecuencia de las plegarias y los sueños que tuvimos *ayer*.

Seguramente conoces personas que han "triunfado" sin haber rezado. Eso no es un triunfo real.

Todo lo que obtenemos sin rezar, en última instancia es perjudicial, como lo fue para todos aquellos que se volvieron locos cuando se convirtieron en millonarios de la noche a la mañana después de ganarse la lotería.

Obtener el éxito sin haberlo pedido en tus plegarias genera arrogancia, y la arrogancia conduce a la ira, la insatisfacción y una serie de emociones negativas más que no proporcionan la felicidad. A eso no le llamo éxito.

El éxito que resulta después de la plegaria permite a una persona sentir el amor y el cuidado del Creador. Esto conduce a una verdadera felicidad y paz interior. Así como nadie puede impedir que recemos, nadie nos puede impedir que vayamos en busca de nuestra verdadera felicidad.

Dado que nuestras almas son pequeñas chispas de la Luz Divina y la esencia misma del Creador, también nosotros compartimos Sus atributos. Así como Él es ilimitado, también lo es nuestro potencial. Y para mejorar y maximizar nuestro potencial, debemos ponernos como meta alcanzar las estrellas. Incluso si no aterrizamos entre La Osa Mayor y Orión, seguiremos llegando bastante alto, siempre y cuando nunca dejemos de llegar.

Quienes intentan llegar alto, hacen que su sueño sea realidad. Esperan con ansias cada nuevo día y no temen afrontar los retos y desafíos. Tampoco esperan que las cosas les resulten fáciles y, por tanto, no se desmoronan cuando se encuentran ante la adversidad. Están tan acostumbrados a avanzar, que saltan todos los obstáculos que se interponen en su camino. Por ello, mientras tú continúes luchando, ten la plena seguridad de que alcanzarás tu propio pico de la cima. Cuando llegues ahí, verás otras cumbres con las que nunca soñaste. Sigue subiendo… y también las alcanzarás.

Conclusión

Aquellos que hacen y aquellos que no hacen

Resumamos algunas de las ideas más importantes que hemos aprendido y que serán la clave en nuestro camino de seis días hacia la cima, para que podamos llevarlas con nosotros dondequiera que vayamos. Asegúrate de repasar este libro de vez en cuando, hasta que sus principios se conviertan en parte de tu propia naturaleza:

Aquellos que no alcanzan la cima, fallan una vez y dejan de llegar, pero quienes lo logran, fallan cien veces y continúan avanzando hasta que finalmente llegan a su meta.

Aquellos que no alcanzan la cima, están tratando de ser como los demás. Quienes alcanzan la cima, intentan ser ellos mismos.

Aquellos que no logran llegar a la cima, piensan que el éxito *sólo* está en la cima. Quienes alcanzan la cima, experimentan el éxito con cada pequeño avance que tienen a lo largo del camino.

Aquellos que no alcanzan la cima, trabajan por alcanzar objetivos materiales. Quienes alcanzan la cima, trabajan para hacer de sí mismos y del mundo, un lugar mejor para vivir.

Aquellos que no alcanzan la cima, ven cosas "ilógicas" que no entienden y entonces se desaniman. Quienes alcanzan la cima y ven cosas que no entienden, dejan de lado su lógica, confían en Dios y se recargan de fortaleza.

Aquellos que no alcanzan la cima, intentan conquistar el mundo para comérselo "de un solo bocado". Quienes alcanzan la cima, suman todos sus pequeños éxitos individuales.

Aquellos que no alcanzan la cima, se concentran en los obstáculos. Quienes alcanzan la cima, ven más allá de los obstáculos.

Aquellos que no alcanzan la cima, quieren adelantarse a los demás. Quienes alcanzan la cima, no albergan ira, ni celos; se sienten felices ayudando a que otros también puedan salir adelante.

Aquellos que no alcanzan la cima, siguen las definiciones de éxito que marca la sociedad. Quienes alcanzan la cima, siguen la definición de éxito de su propia alma.

Aquellos que no alcanzan la cima, pierden tiempo en trivialidades —como la televisión, las redes sociales y navegar en Internet. Quienes alcanzan la cima, nunca pierden un momento y están constantemente construyendo su cuerpo, su mente y su alma.

Aquellos que no llegan a la cima, están tristes y deprimidos. Quienes alcanzan la cima, se sienten contentos con lo que tienen en este momento, a pesar de que tengan que esforzarse constantemente por mejorar.

No lo olvides, querido amigo, nunca te sientas solo. Creo en ti y tú también tienes todo el derecho de creer en ti mismo.

Aprovecha este viaje, y que tu camino a la cima se llene con todas las bendiciones y todos los deseos de tu corazón para bien. ¡Amén!

Únete a nosotros en:
"Strength and Serenity"
www.brodyhealth.com

Printed in Great Britain
by Amazon

68717888R00092